Hermann Hagen

Hagen-Fröbel

1882

Hermann Hagen

Hagen-Fröbel
1882

ISBN/EAN: 9783337336165

Hergestellt in Europa, USA, Kanada, Australien, Japan

Cover: Foto ©ninafisch / pixelio.de

Weitere Bücher finden Sie auf **www.hansebooks.com**

Friedrich Fröbel

im

Kampf um den Kindergarten.

Allerlei Handschriftliches aus Fröbel's Briefwechsel

mitgetheilt

von

Dr. Hermann Hagen

o. ö. Professor der klassischen Philologie an der Universität Bern.

Leipzig.
Verlag von J. G. Findel.
1882.

DEN MANEN

der

verewigten Freunde

Friedrich Fröbel und Karl Hagen

gewidmet.

Vorwort.

Es kann nicht die Aufgabe dieser wenigen, dem Andenken an Friedrich Fröbel geweihten Blätter sein, in langer Rede auseinander zu setzen, wer dieser Mann eigentlich war, was er denn beabsichtigt hat und auf welchem Wege das von ihm Angestrebte auch erreicht worden ist. Möge ein derartiges Bild von Berufeneren entworfen und ausgeführt werden, von Männern, denen seine Schöpfung und deren menschenfreundliche Wirkungen durch eigene Anschauung und selbstthätige Erfahrung ein Gegenstand gründlichen Studium's geworden sind! Das Ziel, welches sich der Herausgeber vorgesteckt hat, ist ein viel bescheideneres und lässt sich ohne viele Vorbereitungen erreichen. Es handelt sich hier einfach darum, eine Zahl vergilbter Fröbel'scher Briefe sammt einigen andern auf sein erzieherisches Wirken bezüglichen Aktenstücken der Vergessenheit zu entreissen.

Im Uebrigen brauchen wir nur das Wort „Kindergarten" auszusprechen, und sofort weiss alle Welt, worum es sich handelt, indem Jedermann sich alsbald darüber klar ist, welch' eine reiche Fülle von Glück und Segen mit diesem anspruchslosen Namen verbunden ist: nicht nur jede Stadt, nein, auch jedes Städtchen und dazu schon eine grosse Menge von Dörfern haben heutzutage die hohe pädagogische Bedeutung dieses der allseitigen Pflege und rationellen Ausbildung des zarten Kindesalter's gewidmeten Institut's erkannt und dasselbe daher unbedenklich in den

Kreis ihrer jugenderzieherischen Bestrebungen aufgenommen. Die Anerkennung, welche dem Erfinder und Begründer dieses ebenso einfachen, wie inhaltsreichen Gedanken's seiner Zeit trotz vieljähriger, treu sich aufopfernder, persönlich einsetzender Anstrengung gegenüber dem ablehnenden überlegenen Lächeln einer zahlreichen skeptischen Gegnerschaft nur theilweise und in verhältnissmässig sehr beschränktem Umfange gezollt ward, ist ihm heute in einer so rückhaltslosen Weise und diess von allen Seiten zu Theil geworden, wie sie jenem selbst in seinen kühnsten Träumen kaum vorschweben konnte. Es ist daher durchaus begreiflich, wenn des vor dreissig Jahren heimgegangenen greisen Pädagogen und ächten Kinderfreundes die auf das Danken sonst nicht allzu eifrig erpichte Nachwelt an dem diesjährigen 21sten April, als an seinem hundertsten Geburtstage, mit ganz besonderer, dankbarer Rührung und würdigender Achtung gedenkt.

In solchen Augenblicken, denen als eigentlichen Ruhestationen der Seele ganz besonders das Vorrecht sowohl, wie die Pflicht der Rückschau überbunden ist, sind es nun namentlich zwei Dinge, welche unwillkürlich und am Meisten unser Interesse wach rufen: einmal die Frage, wie sich der Gefeierte persönlich zu seiner Idee, zu deren geistiger Verarbeitung und ihrer Verwirklichung nach Aussen gestellt hat, und zweitens, wie dieselbe überhaupt zuerst in's Leben trat und welche Erfolge der Schöpfer des Werkes selber noch bei Lebzeiten für sich zu verzeichnen und einzuheimsen das Glück haben durfte. Nach beiden Seiten hin nun glaubt dieses Büchlein einige nicht nur neue, sondern auch interessante Aufschlüsse oder besser gesagt Nachträge bieten zu können.

Die hier mitgetheilten, aus den Jahren 1844 bis 1848 datirenden Briefe Friedrich Fröbel's sind sämmtlich an den Vater des Herausgeber's gerichtet, den bekannten Historiker Dr. Karl Hagen. Geboren im J. 1810, seit 1836 Privatdozent der Geschichte in Erlangen und später in

Heidelberg wurde derselbe im Jahre 1845 zum Professor für allgemeine Geschichte und Staatswissenschaften an letzterer Universität befördert; dann war er in der 48er Periode Abgeordneter an die Nationalversammlung in Frankfurt, wo er eifrig zur Linken hielt, und zuletzt noch Mitglied des Stuttgarter Rumpfparlament's. Die Folge dieses seines politischen Freimuth's war, dass er aus der unter glänzenden Auspizien und zu allgemeiner Begeisterung der studirenden Jugend kaum recht begonnenen offiziellen akademischen Laufbahn jählings wieder herausgerissen und in das einsame, gegen alle Oeffentlichkeit des Wirken's streng abgesperrte Stübchen des Privatgelehrten verbannt ward, bis er endlich nach sechsjähriger Geisteshaft im Jahre 1855 zur Wiederaufnahme der alten, so recht für ihn geschaffenen Lehrthätigkeit an die Berner Hochschule berufen wurde, wo er mit frisch aufblühender, jugendlich erneuter Kraft bis zu seinem nur allzu früh erfolgten Lebensende (24. Januar 1868) allseitig anregend wirkte. Die Bekanntschaft Fröbel's mit dem nahezu dreissig Jahre jüngeren Manne, durch einen gemeinschaftlichen Freund, Dr. Hermann von Leonhardi in Heidelberg im Sommer 1844*) vermittelt, fiel in eine Zeit, wo Hagen dem ihm schon frühe innewohnenden Drang, die Resultate der geschichtlichen Forschung zur Förderung und Lösung der bewegenden Fragen der Gegenwart zu verwerthen und dabei wissenschaftliche Gründlichkeit mit einer leichten, gefälligen, ächt populären Sprache zu verbinden, durch die Herausgabe des ersten Bändchen's seiner „Fragen der Zeit" Ausdruck verliehen hatte und dieser von allen Seiten lebhaft begrüssten und freudig aufgenommenen Sammlung einer Reihe von selbständigen und dabei doch enge mit einander zusammenhängenden Abhandlungen eine neue Serie folgen zu lassen

---

*) Vergl. Karl Hagen's Fragen der Zeit vom historischen Standpunkte betrachtet, Bd. II S. 280, in der Einleitung zu dem Aufsatze „über nationale Erziehung mit besonderer Rücksicht auf das System Friedrich Fröbel's".

im Begriffe stand. Dem volksthümlichen Gelehrten konnte es bei dem prüfenden Studium der Zustände und treibenden Faktoren des ihn besonders interessirenden sozialen Leben's nicht verborgen bleiben, dass hier eines der wichtigsten Momente eben die Erziehung sei, und so hatte bereits der erste Band der „Zeitfragen" bei der Behandlung verwandter Gegenstände des Oeftern Gelegenheit geboten, auch auf dieses Gebiet vergleichende und orientirende Blicke zu werfen. Es war ihm aus dieser vorläufigen und so zu sagen vorbereitenden Beschäftigung mit dem Gegenstande eine gewisse Vertrautheit mit den pädagogischen Fragen erwachsen, welche einem engeren Anschluss der beiden Männer den wünschbarsten Vorschub leistete, und diess um so mehr, als sie sofort eine wesentliche Uebereinstimmung ihrer beiderseitigen Grundansichten über die auf dem Gebiete der Erziehung vorzunehmenden Reformen entdeckten und selbst bei Ideen ganz spezieller Natur, wenngleich ein Jeder auf verschiedenem Wege dazu gelangt war, im schönsten Einklange einander begegneten. Es ist diess ein Moment, welches Fröbel in seinen Briefen nicht oft genug hervorheben kann und daher stets auf's Neue betont.

Die Frucht dieses Verkehr's war, dass Hagen sich entschloss, die Frage der nationalen Erziehung mit besonderer Rücksichtnahme auf Fröbel's System in einem längeren Aufsatze zu bearbeiten und dadurch die Kenntniss dieser neuen Theorie auch in den weiteren Kreisen der Gebildeten zu verbreiten. Diese Arbeit erschien zuerst zu Beginn des Jahres 1845 in den von Weil herausgegebenen „konstitutionellen Jahrbüchern" und dann mit einigen Ueberarbeitungen und Zusätzen im zweiten Bande der „Fragen der Zeit", welcher im Laufe des nämlichen Jahres zur Ausgabe gelangte. Welch' grosse Wichtigkeit Fröbel selbst dieser Studie beilegte, geht deutlich aus den hier mitgetheilten Briefen hervor, in welchen dieselbe vorzugsweise den Gegenstand der Besprechung bildet. Diess war auch der Grund, wesshalb der Herausgeber für gut fand, den Fröbel'schen Briefen wenigstens denjenigen Theil jenes Aufsatzes „über nationale Erziehung", der sich speziell mit Fröbel's Kindergarten beschäftigt, gewissermaassen als lebendigen und zugleich mehrfach ergänzenden Kommentar anhangsweise beizulegen. Zugleich wird es dem Leser ein gewisses Interesse gewähren, zu vernehmen, in welcher Weise sich die neue Kinderbeschäftigungsart im Auge des staatsphilosophischen Universalhistoriker's abgespiegelt hat. Die Bedeutung des Gegenstandes nicht nur, sondern auch die ganze Weltanschauung des Verfasser's brachte es mit sich, dass die von Fröbel direkt handelnde Partie in einen allgemeinen, nicht minder interessanten Rahmen gefasst wurde. Wir glaubten uns desshalb durch die Wichtigkeit der Sache berechtigt, auch die im Anhang nicht weiter mitgetheilten Abschnitte jenes Aufsatzes, namentlich insofern auch in diesen nicht selten Seitenblicke auf die Fröbel'schen Bestrebungen geworfen werden, in aller Kürze zu analysiren.

Die Einleitung spricht sich im Wesentlichen über das Verhältniss des Verfasser's zu Fröbel aus. „In den folgenden Blättern", liest man dort*), „habe ich so kurz, als es möglich war, meine Ansichten über die Anforderungen der Zeit an eine rechte Erziehung ausgesprochen, und dabei vorzugsweise auf das System Friedrich Fröbel's mein Augenmerk gerichtet. Diess geschah einmal aus dem Grunde, weil ich in diesem System diejenigen Grundsätze fand, welche ich für die rechten ansehen musste, und zweitens, weil die Fröbel'sche Methode trotz ihrer Vorzüglichkeit doch noch zu wenig gekannt und befolgt zu sein scheint, wenigstens unter uns Deutschen. Es liefert diese Thatsache wieder einen neuen Beweis zu der Behauptung, dass gar manches literarische Verdienst unerkannt

---

*) A. a. O. S. 279.

oder verkannt bleibt in unserem deutschen Vaterlande, wenn es nur auf sich selber steht und nicht dieser oder jener Protektion sich zu erfreuen hat. Auch ich — ich gestehe es — wusste von dem Systeme Fröbel's, von welchem die Zeitungen fast gar nichts enthielten, so viel wie nichts, bis ich das Vergnügen hatte, seine persönliche Bekanntschaft zu machen." Dann heisst es im weiteren Verlauf des Vorwort's noch:*) „Doch, um wieder auf Fröbel zurückzukommen, so hielt ich es aus den angegebenen Gründen für Pflicht, sein System ausführlicher zu besprechen, um das Publikum darauf aufmerksam zu machen: ja, ich hielt es für zweckdienlich, selbst einen kurzen Ueberblick von der Lebensgeschichte dieses Mannes mitzutheilen, weil man daraus deutlich sieht, wie ernst es ihm mit der einmal ergriffenen Sache war, und wie sehr er wegen der schweren Opfer, die er seiner Idee gebracht, es verdient, dass seine Bemühungen endlich gekrönt werden."

Der nun folgende Abschnitt ist der geschichtlichen Uebersicht gewidmet, indem dabei besonders betont und ausgeführt wird, wie sich durch die Geschichte der Erziehung der Gegensatz zwischen dem Aeusserlichen und dem Innerlichen, zwischen dem Staatlichen und dem Religiösen, zwischen der vorzugsweise körperlichen Bildung und der geistigen, zwischen dem Leben und der Idee, zwischen der Praxis und der Theorie hindurchziehe.**) Diess wird auf einem raschen Gang durch die Hauptepochen der Geschichte des Näheren nachgewiesen und schliesslich das Postulat aufgestellt, dass nicht nur das eine oder andere Vermögen des Menschen in der Erziehung durchgebildet werden solle, sondern alle zusammen, d. h. der ganze Mensch müsse Gegenstand der Erziehung sein, eine Ansicht, welche bereits zu Anfang dieses Jahrhundert's durch Niemeyer

---

*) A. a. O. S. 281.
**) A. a. O. S. 283 ff.

und dann namentlich durch den Philosophen Krause*) mehrfach ausgesprochen wurde. Hören wir den hierüber vortrefflich urtheilenden Verfasser weiter**): „Die Erziehung wird sodann den ganzen Menschen im Auge behalten müssen, und zwar sowohl, wie er für sich selbst, als auch, wie er sich in Bezug zur Aussenwelt entwickelt. Sie wird ausgehen müssen von der Anerkennung seiner Individualität, seiner Natur, welche sich in möglichster Freiheit ungetrübt entfalten soll. Sie wird dadurch, da ja die Individualitäten so mannichfach sind, ebenfalls zu einer gewissen Mannichfaltigkeit und Beweglichkeit der Anschauung gelangen müssen, und diess wird sich folgerecht auch in den Lehrgegenständen zeigen. So wie aber überhaupt die Anerkennung der Individualität eine gewisse Milde und Liebe voraussetzt, so wird diese Liebe auch in die Unterrichtsmethode übergehen, und diese erzeugt dann zuletzt die Eintracht, die Harmonie der scheinbar widersprechendsten Erscheinungen. Oder mit anderen Worten: Die rechte Erziehung wird nicht ausschliesslich das eine oder das andere Vermögen des Menschen ausbilden, sondern alle zusammen, in Uebereinstimmung mit einander. Das Erkenntnissvermögen nicht minder, wie das Gemüth und der Charakter sollen berücksichtigt werden, und zwar so, dass ihre gleichmässige Entwicklung von einem Grundprinzipe ausgeht und auf natürliche Weise, mit Nothwendigkeit, aus demselben entspringt. Diese Grundsätze werden wohl bei jedem Gebildeten, wenigstens bei dem Vorurtheilslosen Anerkennung finden, und, wie oben schon erwähnt, sie sind bereits da und dort ausgesprochen worden. Aber

---

*) „Dessen rein menschheitliche Bestrebungen ihn vor allen auszeichnen" a. a. O. S. 292. Vergl. auch das treffliche Werk Martin's: „K. Chr. F. Krause's Leben, Lehre und Bedeutung," Leipzig, J. G. Findel's Verlag 1881.
**) A. a. O. S. 295 f.

die Hauptsache blieb uns immer noch übrig, nämlich eine Methode zu finden, welche diese Grundsätze nicht nur ausspreche, sondern welche sie auch praktisch durchzuführen verstehe. Und hierin gebührt denn Friedrich Fröbel das unbestreitbare Verdienst, unter Allen, welche Aehnliches versucht, es am Weitesten gebracht zu haben."

Es folgen nun die zwei am Schlusse mitgetheilten auf Fröbel bezüglichen Abschnitte, von denen der erste den Entwicklungsgang und die äusseren Lebensverhältnisse des Mannes vorführt, während der andere die Darlegung der neuen Methode und deren Wesen zum Gegenstande hat. Daran schliesst sich eine Betrachtung der modernen Schulverhältnisse, d. h. näher des auf das erste Kindesalter folgenden späteren Unterricht's. Auch hier findet sich der Verfasser des Oefteren veranlasst, auf Fröbel's Prinzipien*) zu verweisen, so gleich zu Anfang, wo das Turnen als einer der wichtigsten Lehrgegenstände hervorgehoben wird:**) „Als einer der wesentlichsten Grundsätze der späteren Erziehung muss festgehalten werden, dass die Ausbildung des Körper's mit der des Geistes gleichen Schritt zu halten habe: ein Grundsatz, der übrigens öfters schon ausgesprochen und angewendet worden ist, namentlich auch von unserem Fröbel." Nicht nur auf eine behutsame Auswahl der zu lehrenden Gegenstände, sondern auch auf eine anregende, lebendige Art des Unterrichten's selbst muss das Augenmerk des wahren Pädagogen gerichtet sein:***) „Ausserordentlich viel hängt nun immerhin von der Art und Weise ab, wie die Lehrgegenstände dem Schüler beigebracht werden. Und hier müssen wir denn wieder Fröbel zum Muster nehmen, welcher immer

---

*) Dieselben treten theils in der ganzen Anlage des Kindergarten's zu Tage, theils kamen sie in der von Fröbel geleiteten, auch die späteren Altersstufen umfassenden Erziehungsanstalt in Keilhau zur Anwendung.
**) A. a. O. S. 336.
***) A. a. O. S. 338.

davon ausgeht, jeden Gegenstand dem Kinde dadurch näher zu bringen, dass er ihm zur praktischen Anschauung desselben verhilft. Denn dadurch bekommt das Kind für den Gegenstand Interesse und, sowie dieses geweckt ist, so ergiebt sich das Lernen und geistige Aneignen von selber." Den Elementarunterricht findet der Verfasser verhältnissmässig noch am Besten besorgt. „Doch ist gar nicht zu verkennen", heisst es aber weiter*), „dass der Unterricht auch in den Volksschulen viel gründlicher ertheilt, zugleich auch für das Kind erfreuender gemacht werden könnte, wenn bei Allen die Fröbel'sche Spielweise vorangegangen wäre. Denn durch diese wären, wie oben angedeutet, die Geisteskräfte der Kinder mehr geweckt, also empfänglicher für die Lehrgegenstände, und zweitens wären sie schon durch die Spiele auf manche derselben hingewiesen worden, wie zum Beispiel auf's Lesen oder Schreiben, oder auf manche Erscheinungen der Naturlehre." Volle Billigung muss auch finden, was über die Art und Weise des Unterricht's in den alten Sprachen**) auf Gymnasien geklagt und dagegen empfohlen wird, und wir finden uns angenehm überrascht, wenn wir bei dieser Gelegenheit vernehmen, dass auch bereits Fröbel in seiner Anstalt die verbesserte Methode eingeführt hatte,***) nach Absolvirung der Grundzüge der Etymologie seine Schüler nicht a priori Regeln über Regeln auswendig lernen, sondern dieselben (so. zu sagen am Phantom) aus den alten Schriftstellern selbst herausfinden zu lassen: „Dadurch, sieht man, lernen sie wirklich ihre Geisteskräfte schärfen, aber zugleich wird ihnen auch die

---

*) A. a. O. S. 344.
**) A. a. O. heisst es S. 346: „Ich würde bei den Gymnasien die Grundlage der Bildung allerdings die alten Sprachen sein lassen: denn, was man auch gegen sie vorbringen mag, so wissen wir doch, dass das Studium der alten Literatur in allen grossen Epochen unserer Literaturgeschichte den grossen Geistern den Impuls gegeben hat."
***) A. a. O. S. 347.

Sprache interessant, da sie ihr gegenüber eine eigene Thätigkeit entwickeln: der ganze Sprachunterricht erhält dadurch eine ungemeine Lebendigkeit, also gerade das Element, welches ihm nach der bisherigen Methode abgegangen war." Nicht minder interessant und durch einleuchtende Motivirung in höchstem Grade beachtenswerth ist der Vorschlag des Verfasser's, den Unterricht in den alten Sprachen künftig nicht, wie bisher, mit dem Lateinischen, sonden vielmehr mit dem Griechischen zu beginnen, eine Anordnung, welche Fröbel gleichfalls in seiner Anstalt befolgte.*)

Nach weiteren kurzen Andeutungen über die rationelle Behandlung des Geschichtsunterricht's, über die Verbindung der mathematischen Unterweisung mit der in den Naturwissenschaften und schliesslich über die Wünschbarkeit der Einrichtung von regelmässigen Sprachübungen von Seite der Zöglinge, als des eigentlichen Schlusssstein's der Erziehung wird endlich im letzten Abschnitte das Leben behandelt.**) Hier wird zunächst mit Hinweis auf die Fröbel'schen Bemühungen***) die Gründung von Erziehungsvereinen eifrig befürwortet, dann nicht weniger warm die von politischen Vereinigungen Behufs Erzielung einer gründlichen, allseitigen, aufgeklärten politischen Bildung: die höchste Blüthe der Volkserziehung entfalte sich endlich in dem ächten, wirklichen Volksfeste, in einem Feste für alle Klassen, für alle Richtungen der Kultur, der materiellen sowohl, wie der geistigen. „Zunächst also würden auf dem Volksfeste die Gewerbsvereine die Erzeugnisse ihrer Industrie ausstellen, ebenso die Landwirthe die Produkte des Landbau's oder der Viehzucht; die Künstler die Hervor-

---

*) A. a. O. S. 347 ff.
**) A. a. O. S. 357 ff.
***) S. namentlich die Briefe Nr. II. III. IV. und VIII. sammt dessen Beilage F. unserer Sammlung.

bringungen ihrer Phantasie; die Singvereine würden ihre schönsten Produktionen aufführen und mehrere von verschiedenen Städten oder Gegenden etwa mit einander wetteifern. Ja, auch die Dichter müssten hiebei berücksichtigt werden. Für ein solches Fest könnten dieselben ihre schönsten Erzeugnisse aufsparen: Gedichte oder Epen könnten sie selber vorlesen, Dramen würden zur Aufführung gebracht. Man bedenke, welch' grossen Anstoss diess unserer nationalen Dichtkunst geben würde!"*)

Auch Fröbel trug den Gedanken an solche nationale Feste, an eine Wiedererweckung der antiken Volksspiele in sich und gab demselben mehrfach in seinen Briefen Ausdruck; um so mehr halten wir uns für berechtigt, noch die schönen Schlussworte mitzutheilen, welche das Ende des Aufsatzes über nationale Erziehung jener Idee geweiht hat: „Dergleichen Volksfeste würden ausser den angegebenen noch folgende günstige Wirkungen erzeugen. Dadurch, dass daselbst fast alle Richtungen der menschlichen Thätigkeit nebeneinander sich bewähren könnten, käme in das Volk das Bewusstsein von der Nothwendigkeit des Zusammenhandeln's aller Nationalkräfte. Es würde dem Volke klar, dass nicht das eine Vermögen auf Kosten des andern den Vorzug verdiene, wenn die Grösse der Nation erzielt werden sollte, sondern dass fast alle gleichmässige Berücksichtigung verdienten. Die materielle und die ideelle Richtung unserer Zeit, die so häufig mit einander im Streite liegen, würden sich dadurch am Ersten versöhnen: die Unentbehrlichkeit der einen, wie der anderen, für die Erreichung einer nationalen Grösse würde, sowie sie sich neben einander entfalteten, am Leichtesten in die Augen springen. Volksfeste, in diesem Sinne eingerichtet, würden eine unermessliche Wirkung hervorbringen: sie würden wesentlich dazu beitragen, uns das zu verschaffen,

---

*) A. a. O. S. 364.

was wir bedürfen, nämlich ein wahres Nationalgefühl und eine wahre Nationalkraft."

Nun noch ein Wort über die hier zum ersten Male veröffentlichten Fröbel'schen Briefe. Davon ist inhaltlich und auch der Ausdehnung nach der achte weitaus der bedeutendste. Derselbe, wie die Anfangs- und Schlussworte ganz deutlich zeigen, zur Veröffentlichung oder genauer gesagt zur Grundlage einer daraus vom Adressaten zu schaffenden Publikation bestimmt, imponirt nicht nur durch die einlässliche Gründlichkeit, mit welcher ganz im Sinne eines aktenmässigen Referat's sämmtliche das Gebiet der Kindergartenfrage irgendwie beschlagende Ergebnisse der Jahre 1845 und namentlich 1846 nachgewiesen und so zu sagen Schritt für Schritt mit authentischen Belegen erhärtet werden, sondern auch durch die Tiefe der Gedanken, mit welchen der Briefschreiber sich und seinem Freunde über die stets fortschreitende Verinnerlichung seiner pädagogischen Grundsätze Rechenschaft gibt. Dass wir auch die dem Berichte beigefügten Aktenstücke vollinhaltlich wiederzugeben für gut fanden, brachte sowohl das Interesse der Sache selbst, als auch die Rücksicht auf jenen dadurch am Besten kommentirten Brief mit sich und bedarf wohl keiner Entschuldigung. Aber auch die übrigen Briefe enthalten eine Menge interessanter, auf die Fröbel'sche Kinderpflege bezüglicher Daten, die man nur ungern missen würde. Namentlich liefern sie uns, da sich Fröbel in denselben durchaus natürlich, ungezwungen und ohne irgend welche Spur von Affektirtheit so gibt, wie er eben war, ein naturgetreues Bild seines Wesen's und Charakter's, indem sie dasselbe zugleich mit einer reichen Fülle der gemüthlichsten Züge ausstatten, von denen seine zahlreichen Verehrer und Verehrerinnen gewiss mit freudigem Genusse Kenntniss nehmen werden.

Der Styl ist nicht glänzend, dafür aber einfach, klar, fliessend, etliche Mängel abgerechnet, die auf Rechnung der brieflichen Lizenz oder sonstiger äusserer Ursachen, wie z. B. der am Schluss von Brief VIII angeführten, zu setzen sind. Auch an der öftern Wiederholung der nämlichen Ausdrücke, die man namentlich da antrifft, wo der Verfasser von seinen individuellen pädagogischen Ansichten handelt, wird sich der Leser nicht stossen, noch viel weniger darin lediglich Schlagwörter erblicken, sobald er bedenkt, dass er hier einen Mann vor sich hat, bei welchem Nichts nur an der Oberfläche haften geblieben, sondern Alles in sucum et sanguinem übergegangen ist und der, weil er System in die von ihm vertretene Sache zu bringen bemüht war, an den einmal gewählten Ausdrücken festhalten und gegenüber dem Publikum dieselben stets auf's Neue betonen zu müssen glaubte. Auch einige gelegentlich mit unterlaufende Seltsamkeiten wird man dem alten, ganz in seiner Idee lebenden Kämpen für naturgemässe Erziehung des Volk's zu Gute halten: so mag z. B. die in dem gemüthvollen 9ten Briefe befindliche Vorstellung, dass Politik und Pädagogik als Ehegatten des Menschheits- und Volkslebens zu denken seien, und die daran angeknüpfte Ausführung dieses Bildes vielleicht allzukühn, ja geradezu barock erscheinen, aber, sobald man einige Zeilen weiter gelesen hat, wird man sich sofort wieder durch die grosse Wahrheit des Gedanken's von der verderblichen Trennung und der segenspendenden Wiedervereinigung dieser beiden Mächte angezogen und gefesselt fühlen.

Bei der Wiedergabe des Textes haben wir offenkundige Schreib- oder Flüchtigkeitsfehler orthographischer, interpunktirender und hie und da auch stylistischer Natur stillschweigend verbessert, indem wir in solchen, aber nur in solchen Fällen und auch nur bei der textuellen Bearbeitung solcher Schriftstücke, welche, wie Briefe, dem blossen Augenblicke ihre Entstehung verdanken und nicht minder nur für den Augenblick zu wirken beabsichtigen, die Pflicht des Kritiker's nicht sowohl in einem photographisch getreuen

Abdrucken des Original's, als in einem sorgsamen und liebevollen Eingehen auf die eigentliche und ursprüngliche Intention des Verfasser's erblicken zu müssen glaubten. Natürlich darf eine solche Manchem vielleicht etwas fremd klingende und fast verwegen dreinschauende Art der Krisis auch in den bezeichneten engen Gränzen nur cum grano salis und mit äusserster Behutsamkeit geübt werden, wenn sie nicht zur Interpolation und After-Kritik heruntersinken will!

So möge denn dieser bescheidene Beitrag zur Säkularfeier des liebenswürdigen und unermüdlichen Kindergärtner's ebenso anspruchslos aufgenommen werden, wie er hier geboten wird!

Bern, im Januar 1882.

Der Herausgeber.

Inhalt.

Seite

A. Vorwort.
B. Briefe von *Friedrich Fröbel* an *Karl Hagen*:
   I. Frankfurt a/M. 22. Nov. 1844 1
   II. Frankfurt a/M. 30. Dez. 1844 3
   III. Frankfurt a/M. 21. Jan. 1845 10
   IV. Keilhau bei Rudolstadt 14. Mai 1845 15
   V. Dessau 20. Dez. 1845 23
   VI. Keilhau bei Rudolstadt 28. Juni 1846 27
   VII. Keilhau bei Rudolstadt 3. Juli 1846 32
   VIII. Keilhau bei Rudolstadt 2. Febr. 1847, enthaltend einen einlässlichen Bericht über die Fortschritte der Kindergartenidee in den Jahren 1845 und 1846, mit 8 Beilagen: 38
     A. Aus dem Adorfer Wochenblatt Nr. 57 vom 16. Sept. 1846: *Fröbel* im Voigtlande 78
     B. Brief der Vorsteherin des Kindergarten's zu Lünen (Westphalen), Frl. *Marie Christ* an *Middendorf* in Keilhau, Lünen d. 27. Jan. 1847. — Aus einem Brief einer Mutter an deren Schwester über den Kindergarten in Lünen. — Aus einem Briefe von Frl. *Marie Christ* an ihre Freundin *Christine Erdmann* in Gotha über den gl. Gegenstand 79
     C. Auszug aus den Vereins-Statuten des Kindergarten's in Lünen, nebst dem Vertrag zwischen dem Vorstande des dortigen Kindergartenvereins und der Kindergärtnerin Frl. *Marie Christ* 83
     D. Aus dem Gevattersmann von *Berthold Auerbach* pro 1847: Auszug aus dem Briefe eines Schulmeister's an den Verfasser über die *Fröbel'*schen Kindergärten . 88

	Seite
E. Aus dem allgemeinen Anzeiger und Nationalzeitung der Deutschen Nr. 157, 13. Juni 1846, S. 2041: Erziehungswesen	89
F. Aufruf *Friedrich Fröbel's* an die deutschen Männer zur Bildung von Erziehungsvereinen, vom Februar 1845	91
G. Aus dem allgemeinen Anzeiger und Nationalzeitung der Deutschen Nr. 176, 2. Juli 1846, S. 2277: Erziehungswesen	106
H. Aus dem allgemeinen Anzeiger u. s. w. Nr. 172, 27. Juni 1846: Kindergärten	109
IX. Keilhau bei Rudolstadt, 17. Juli 1848	110
C. Anhang: Ueber die *Fröbel'*sche Kindererziehungsmethode von *Karl Hagen*, Ausschnitt aus dessen Aufsatz: „Ueber nationale Erziehung, mit besonderer Rücksicht auf das System *Friedrich Fröbel's*" (*K. Hagen*, Fragen der Zeit vom historischen Standpunkte betrachtet, Bd. II, Stuttgart, Franckh, 1845, S. 279 ff.)	119

I.

Frankfurt a. M. Freitags am 22. November 1844.

Hochgeehrtester, lieber Herr Doktor!

In der Dorfzeitung Sonnabend Nr. 182 vom 2. Nov. 1844 lese ich, bei Gelegenheit einer Relation, welche die Redaktion der Dorfzeitung von den Ergebnissen macht, welche eine Art Prüfung in der dortigen Kleinkinderschule — worinnen auch eine von mir gebildete Kinderführerin gleich wie in Darmstadt wirkt — erzielt hat, Folgendes über die Wirkung meiner Kinderführungsweise ausgesprochen: „Es zeigt sich (bei dieser Prüfung nämlich), dass die hier angewendeten, *Fröbel*'schen Finger-, Bau- und Bewegungsspiele in ihrer natürlichen und ungekünstelten Anwendung fröhliches Leben wecken und fördern und zur Verstandesbildung viel beitragen." Ich bitte Sie, lieber Herr Doktor, sich das Blatt selbst zu verschaffen; die Dorfzeitung habe ich, irre ich nicht gar sehr, in Ihrem Museum gefunden. Die Worte dieser Redaktion sind wichtig, denn die Redaktoren sind seit Jahren die Sache streng Prüfende und sie sind der Art, dass sie jedes Wort, ehe sie es aussprechen, wirklich auf die Goldwage legen. Suchen Sie darum diesen Ausspruch so weit und so viel als möglich, vielleicht durch Hülfe anderer Blätter in Mannheim, Karlsruhe und Stuttgart zu verbreiten. Denn nur dadurch, dass wir dem Gegenstande recht ausgebreitete

Bekanntschaft, Wirksamkeit und Anerkenntniss verschaffen, in dem Maasse erreichen wir auch nur die Theilnahme, welche die Veröffentlichung Ihrer Arbeit um des Zweckes willen bedarf und gewinnen wir am Ende die allgemeine Förderung, den Grund und Boden, überhaupt die Mittel, welche der Gegenstand in seiner allgemeingültigen Anwendung, somit in seiner Grossartigkeit bedarf, um sich seinem Wesen getreu allseitig so einfach, als stetig zur Vollkommenheit zu entwickeln. Jetzt ist der Gegenstand reif zu solcher Empor- und Hervorhebung, wie zur allgemeinen Besprechung. Das Einzel- und vereinzelte Interesse ist ganz allgemein und, ich möchte sagen, uneingeschränkt: es muss sich aber nothwendig aus dieser kleinlichen Beschränkung zu einer ganz allgemeinen Theilnahme, mindestens Besprechung erheben.*) Ich weiss, es bedarf bei Ihnen keiner Anregung; dennoch lassen Sie mich Ihnen sagen, welche Ueberzeugung tief in meinem Innersten ruht: dass Sie dadurch Alles zugleich mit pflegen, was Sie als höchste und heiligste Wünsche in Ihrem Innersten tragen. Besprechen Sie sich über das Weitere mit *Leonhardi*.

In Darmstadt lernte ich das nachstehende ältere, allein mir doch hinsichtlich meiner menschheitlichen Bestrebungen, aber auch der Ihrigen, wie mich dünkt, sehr interessante Buch kennen:

„Darstellung eines neuen Gravitationsgesetzes für die

---

*) Der Verfasser scheint hiemit sagen zu wollen, dass das Einzelinteresse als solches in gewissem Sinne zwar uneingeschränkt sei, insofern nichts hindert, dass es sich an vielen Orten zeige, dass es aber zugleich einer Beschränkung unterliege, dieweil es doch immer nur ein Einzelnes, Isolirtes darstelle. Diese Auffassung macht aber immerhin die Annahme einer Gedankenlücke nöthig, welche etwa folgendermaassen zu ergänzen wäre: „Das Einzel- und vereinzelte Interesse ist (wenn gleich) ganz allgemein und, ich möchte sagen, uneingeschränkt (gedacht, doch immer, weil ohne Fühlung mit einander und mit dem Ganzen, in Schranken gehalten)." Vergl. unten S. 9.

moralische Welt": Berlin 1802 bei *Joh. Ferd. Unger*, kl. 8, 359 S. Inhalt: Einleitung. — Von den Lebensorganen. — Von den Lebens- und Entwicklungsorganen. — Von den Bildungsorganen. — **Von dem Antagonismus des Selbsterhaltungs- und Geselligkeitstriebs.** — Von der Ehe. — Ueber die unbeschränkte Fruchtbarkeit der Erde. — **Beweis, dass keine Entwickelung stattfindet, wo der Antagonismus des Selbsterhaltungs- und Geselligkeitstriebs nicht erwachen kann.** — **Beweis, dass die gesammte europäische Kultur aus dem Antagonismus des Selbsterhaltungs- und Geselligkeitstriebs hervorgegangen ist:** Staaten. — Regierungen. — Regierungsformen. — Religion. — Moral. — Gesetzgebung. — Polizei. — Politik. — Poesie u. s. w. u. s. w. Folgerung aus diesem Abschnitt, Geschichte u. s. w. Ich hielt es für Pflicht, Sie darauf als auf eine ältere Erscheinung aufmerksam zu machen. Sie finden vielleicht einmal bei einem Antiquar das Buch — ich wünschte, recht bald. Herzliche Grüsse Ihren Lieben. *Leonhardi* wird Ihnen Näheres über mein Hiersein sagen. In Liebe, Treue und Dank Ihr

Fr. Fr.

Herrn Dr. *Hagen*, Wohlgeboren in Heidelberg. Durch Güte.

II.

Frankfurt a./M. am 30. Dezember 1844.

Verehrter Herr und Freund!

Nun, das Jahr soll mir doch nicht verschwinden, ohne Ihnen meinen so warmen, als aufrichtigen Dank für Ihre gütige und eingehende Theilnahme zu sagen, welche Sie meinen erziehenden Bestrebungen im Laufe desselben und namentlich während meines so langen Aufenthaltes in Heidelberg geschenkt und für die Freundschaft, welche Sie auch mir persönlich in dieser Zeit erwiesen haben. Wenn ich jetzt auf die Ergebnisse während meiner Wanderungen am Rhein, Neckar und Main in dem letzten Halbjahre prüfend zurückblicke, so gehört Ihre eingehende Theilnahme zu den hoffnungs- und erfolgreichsten derselben, ja ich glaube, sie wird sich, diese Theilnahme, als die bleibend schönste Frucht und weit verbreitend seegensreich fortentwickeln. Ich freue mich gar sehr, solche Ihnen und unserm gemeinsamen lieben und treuen Freunde *Leonhardi* zu verdanken.

Der Gegenstand, welchem Sie, hochgeehrtester Herr Doktor, Ihre Aufmerksamkeit, ja Ihre sorgsame Pflege geschenkt haben, erscheint mir, wenn ich die Zeiterscheinungen in Osten und Westen, Norden und Süden prüfend beachte, immer wichtiger, ja ich muss mich immer mehr überzeugen, dass er sich zuletzt als den wichtigsten, als den Mittel-, als den Quellpunkt aller Zeit- und Lebensbestrebungen erweisen wird. Wie sehr freue ich mich daher, dass Sie denselben so tief erfasst haben; denn jetzt kann sich Etwas schlechterdings nur dann seine Anerkennung und bleibende Fortentwickelung zu stetig steigender Vollkommenheit sichern, wenn es seine Begründung in der Geschichte und in den Prinzipien der höchsten und reinsten Strebungen der Menschheit, somit auch des Volkes, der Familie und so auch jedes Einzelnen nachweist. Ja, ich bin in mir so ruhig, als erfreut, dass meine erziehenden Strebungen keine dieser Prüfungen in ihrer grössten Strenge zu fürchten haben, dass vielmehr meinem Streben diese Prüfungen um so lieber sind, als sie sowohl in geschichtlicher Entwickelung, als in der Darlegung der Prinzipien und Nachweisung der Wege zur Lösung aller sozialen Aufgaben der Zeit gründlich und erschöpfend sind. Wie sehr freue ich mich daher, dass der Idee Ihre so ruhige, als eingehende und umfassende Bearbeitung wird; nur müssen wir nach Beendigung derselben auch die grösste Sorgfalt darauf wenden, dass das Ergebniss Ihrer Bearbeitung dann auch die grösstmögliche Verbreitung erhalte. Diess geschieht nun wohl zuerst durch den Druck in Ihrer Schrift: die Zeitfragen selbst*), dann mittels eines kürzeren Auszugs aus derselben und mit Hinweisung auf die Schrift selbst in der allgemeinen Augsburger Zeitung; endlich durch einen besondern vollständigen Abdruck der Abhandlung, dessen weiteste und grösstmögliche Verbreitung durch den Buchhandel dann zu bewirken wäre.

Für die Wahrheit meiner oben ausgesprochenen Ansicht, dass die Erziehung und besonders die frühe begründete bald der Mittelpunkt der sozialen Bestrebungen werden wird, gestatten Sie mir, Ihnen ein paar, wenn auch an sich klein erscheinende, allein keineswegs vereinzelt dastehende Beweise mittheilen zu dürfen.

Zuerst erlaube ich mir, Ihnen ein mir in dieser Beziehung nicht unwichtig erscheinendes kleines Büchlein von einem gewissen *Ebeling* überschicken zu dürfen. Nachdem es ganz kurz die Erziehung nach ihren verschiedenen Zwecken, Grundsätzen, Mitteln und Methoden historisch und kritisch dargestellt, deutet es 1. S. 70 an, dass wir einer universalen Erziehung bedürfen und (S. 72), dass diese Aufgabe besonders praktisch ihm noch nicht gelöst ist; 2. S. 73, dass das Ziel und der Zweck aller Erziehung sei, die Idee der Menschheit darzustellen; 3. S. 92, dass wir einer Nationalerziehung bedürfen. Endlich weist die Schrift durch ein Citat auf S. 78 auf die organische Einheit des

---

*) Der hier erwähnte, vorzugsweise von *Fröbel* handelnde Aufsatz *Hagen's* über nationale Erziehung erschien zuerst in *Weil's* konstitutionellen Jahrbüchern zu Beginn des Jahres 1845 und dann im zweiten Bande der „Fragen der Zeit" am Schlusse des nämlichen Jahres. Wir geben die speziell auf *Fröbel* bezügliche Partie als Anhang dieser Briefe.

Erziehungs-, und somit auch des Unterrichtswesens hin. In allen diesen Beziehungen nun kann sich die von mir aufgestellte Erziehungs- und Unterrichtsidee und -Weise einer strengen Prüfung unterwerfen.

Ferner steht im Augustheft des *Mundt*'schen Freihafens 1844 ein Aufsatz: „Ueber die Erziehung unserer Zeit" von Medizinalrath *Trinks* in Dresden, von welchem ich wohl wünschte, dass er von Ihnen gelesen werden könnte und möchte. Denn ich glaube, dass sich in Beziehung auf denselben das Nämliche aussagen lässt, was ich soeben aussprach: dass nämlich die von mir angebahnte Kinderführung alles das leistet, was Herr *Trinks* in der Erziehung unserer Zeit vermisst.

Drittens steht im Allgemeinen Anzeiger der Deutschen, welcher in Gotha bei *Becker* herauskommt, in Nr. 345 vom 18. Dezember auf der 4. Seite ein Aufsatz: „Ueber Erziehung" u. s. w. als von einer Mutter an ihre Freundin geschrieben. Der Gegenstand ist die Mittheilung der Erfahrungen, welche eine Mutter über den Geist und die Wirkung des besonders frühen Schulunterrichtes an der Hand ihres eigenen Knaben macht. Die Aufzählung alles des sich hier thatsächlich findenden Unstatthaften schliesst nun mit den ganz einfachen Worten: „Alles diess würde durch die Ausführung der Kindergärten *Fröbel's* verschwinden" u. s. w. Dieser kleine Aufsatz ist mir mehrfach wichtig: 1. weil er von der Vorführung der mangelhaften Thatsachen ausgeht, darauf 2. mit wenig Worten seine Forderung gründet, dass er 3. mir wirklich aus der Feder einer Mutter geflossen zu sein scheint und so 4. den Beweis giebt, dass der Gegenstand wirklich allgemeineres Interesse zu bekommen beginnt. Dieses Interesse aber muss nun nothwendig möglichst gepflegt und so auch immer mehr geweckt werden.

Da der Allgemeine Anzeiger d. D. sich auf dem Lesezimmer des Museums in Heidelberg befindet, so würde es mich freuen, wenn Sie dem Gegenstande selbst Ihre Aufmerksamkeit schenken wollten. Ueberhaupt habe ich daran gedacht, ob es nicht auch für die Heidelberger Verhältnisse gut sei, wenn der Aufsatz, vielleicht mit einigen ortsgemässen Abänderungen, in der Mannheimer Abendzeitung oder dem Heidelberger Journal abgedruckt würde. Wollen Sie vielleicht so gütig sein, auch Herrn von *Leonhardi* und Herrn *Huber* in dieser Beziehung auf diesen Aufsatz aufmerksam zu machen?

Die kleine Schrift von *Ebeling* berührt übrigens in der Vorrede S. XIX noch einen Gegenstand, welcher mich in der jüngsten Zeit ganz vorzüglich beschäftigt. Es ist diess die Vereinigung von Männern und Vätern zur thatsächlichen Förderung der häuslichen und öffentlichen Erziehung überhaupt, wie der früheren Erziehung bis zur Schulfähigkeit und Reife insbesondere. Ueberall und in allen Beziehungen steigen die Wissenschaften in das Leben zur Förderung desselben herab; überall begegnen wir Vereinen, welche den wissenschaftlich gebildeten Mann mit dem Laien zu einem, das Leben verschönernden Kranz verbinden, worin der wissenschaftliche Mann die Ergebnisse seiner Forschung zur Anwendung im Leben hingiebt und der praktische Mann solche gegen die Mittheilungen seiner oft so wichtigen Erfahrungen eintauscht. Nur einzig für die Erziehung, für die erste häusliche und überhaupt frühe Erziehung, welche für uns Alle so entscheidend wichtig war, welche nicht minder entscheidend wichtig ist für Alle, welche unserer erziehenden Einwirkung hingegeben sind — und welcher Mensch wirkte nicht, sei es positiv durch das, was er thut, oder negativ, durch das, was er unterlässt, erziehend ein?! — nur einzig für die Erziehung, besonders für die frühe, an welcher wir Alle, Alle Mitarbeiter sind, nur für diese giebt es noch keinen Verein von Männern und Vätern zunächst, welche von deren Wichtigkeit tief durchdrungen, hoch begeistert sind! Der

Ort, die Stadt, verehrtester Herr Doktor, in welcher es möglich sein wird, zuerst einen solchen Männer- und Väterverein in Ausführung zu bringen, wird sich für ewige Zeiten ein Denkmal in der Geschichte seines Volkes, ja in der der ganzen Menschheit setzen. Die Bildung dieser Erziehungsvereine muss ich für das Allerwichtigste halten, was die Zeit erzeugen kann. Bei weitem höher und wichtiger halte ich diese Vereine und deren Bildung als alle Gustav-Adolphs- und ähnliche Vereine und als alle jetzt aufsteigenden konfessionellen und kirchlichen u. s. w. Fragen. Wie ich es oben schon andeutete, wird einmal alles diess in der Erziehung nicht nur seinen Sammel- und Einigungspunkt, sondern seinen Halt- und Klärungspunkt finden.

Von allen Orten, welche ich nun kenne, finde ich keinen dazu geeigneter, als Heidelberg, indem sich dort schon wissenschaftliches und bürgerliches Leben vielfach durchdringt, und an diesem Orte sehe ich nun Niemanden mehr zur Anregung und Gründung eines solchen Vereines geschaffen, als Sie, hochgeehrtester Freund! Nicht sage ich etwa diess aus irgend einem fremdartigen und ungenügenden Grunde. Nein! Ihre ganze Stellung, besonders eben jetzt als erziehender Vater, als Mann der Wissenschaft, als Verkündiger der Lehren der Geschichte, zugleich als Vertreter des Volks in Wort und Schrift, als Beförderer der bürgerlichen Bestrebungen, als Mitglied zweier Gesellschaften, sowohl des Museums, als der Harmonie, Sie, bester Herr Doktor, wären bei dem Streben nicht nur nach Vorwärts, sondern nach dem Besten, welches Heidelberg in seinen Bürgern und Bewohnern charakterisirt, ganz in der Stellung, einen solchen Erziehungsverein durch Männer und Väter in Heidelberg zu begründen. Dadurch würden nicht nur die Bedürfnisse allgemeiner erkannt und anerkannt, sondern auch die Mittel und Wege, ihnen abzuhelfen. Es wäre schön, sehr schön, wenn sich beim Eintritt in das Neue Jahr wenigstens dazu eine fortwirkende Anregung geben liesse. Ein solcher Verein könnte denn auch in gewisser Beziehung wieder vermittelnd zwischen dem Museum und der Harmonie dastehen. Es wäre dieser Verein gleichsam ein Spross oder Zweig aus jenen beiden, welcher sich ein höheres Vereinsziel, einen allgemein gültigen Vereinszweck stellte. Ich habe es jetzt wieder hier in Frankfurt gesehen: der Einzelne ist gar sehr leicht auch ein Vereinzelter und vermag als solcher selbst in seinem eigenen Hause wenig, wenigstens sehr wenig, worein auch die Umgebung, und noch weniger, worein auch das Allgemeine förderlich eingreife, was doch eben bei der häuslichen und selbst der in sich geschlossenen Familienerziehung so höchst wichtig ist. Wie zunächst in Heidelberg, könnte sich später ein solcher Verein auch in Mannheim, dann in Karlsruhe u. s. w. bilden. Die Wirkungen solcher Vereine müssten für die Volks- und Nationalbildung auf das höchste wichtig sein; bildende Volksfeste und erziehende Spiele, ähnlich den griechischen u. s. w. müssten sich daraus entwickeln. Bedürfte und wollte man zur Bildung und zu dem Zusammentritt solcher Vereine auch eine äussere Veranlassung, gleichsam einen Haltepunkt, so könnte es zunächst die Prüfung der Idee und die Ausführung des Gedankens der „Kindergärten" sein. Sollten Sie in diesen Uebergangstagen mit *Huber* oder *Leonhardi* oder *Louis* u. s. w. zusammen kommen, so theilen Sie denselben doch diesen Gedanken zur förderlichen Theilnahme mit! Es thut mir zwar recht leid, dass sich mir dieser Gedanke durch die Umstände erst hier entwickelt hat, und ich ihn nicht schon während meines Aufenthalts in Heidelberg bekommen habe, doch schadet diess gewiss gar nichts zur Ausführung, im Gegentheil wird nun Alles um so eher ein eigentliches Heidelberger Gewächs. Also wenigstens Pflege des Gedankens!

Irre ich nicht sehr, so bin ich Ihren lieben Kleinen zu den übergebenen Kästchen noch die lithographischen Hefte schuldig. Ich wollte Ihnen solche schon zum lieben

Christfest überschicken, allein von einer Zeit zur andern wurde ich durch das Schwanken des Lebens davon abgehalten. Das liebe Töchterchen kann doch vielleicht nun bald von den Zeichnungen Gebrauch machen, und was jetzt noch nicht ist, kann doch später werden. Desshalb bitte ich Sie nach Ihrem besten Ermessen der l. Kleinen zum frohen Neujahr, nebst Gruss von mir, davon abzugeben, was Sie für gut halten.

Bis zu nächstem Sonntag früh werde ich wohl hier bleiben müssen; könnte und würde mich bis dahin eine Zeile von Ihnen erfreuen, so würde mich diess sehr glücklich machen.

Wen von unsern gemeinsamen lieben Freunden Sie in diesen festlichen Tagen des Jahreswechsels sehen, dem bitte ich auch von mir meine besten Wünsche zum neuen Jahr auszusprechen.

Die Drucksachen aus dem Grossherzoglich Hessischen Schulblatt, Neu-Ingelheim betreffend, und aus der Didaskalia Nr. 341 vom 10. Dezember hat Ihnen doch Herr von *Leonhardi* abgegeben?

Diesem nun meinen besonderen freundlichsten Gruss. Möge Ihnen das neue Jahr die reinsten und schönsten Wünsche Ihres Herzens erfüllen, dann wären damit zugleich auch die wärmsten Wünsche erfüllt

Ihres herzlich ergebenen
Friedrich Fröbel.

Adresse: Herrn *Karl Schneider*, Vorsteher einer Bildungsanstalt. Frankfurt a./M., Grosse Eschenheimergasse D. Nr. 165.

III.

Frankfurt a./M. am 21. Januar 1845.

Verehrter, lieber Herr Doktor!

Sie haben mich durch Ihre jüngsten, lieben Zeilen mehrfach recht erfreut, erfreut, dass Ihr Aufsatz nun bald erscheint, über welchen *Leonhardi* mir schon seine Befriedigung ausgesprochen; um so mehr wünschte ich nun, dass mir von der Verlagshandlung der Jahrbücher der Wunsch erfüllt werden und ich ohngefähr und wenigstens 50 Exemplare der Bogen, welche Ihren Aufsatz enthalten, als besondere oder Mehrabdrücke aus den Jahrbüchern, versteht sich gegen entsprechende Bezahlung, erhalten könnte. Wollten Sie die Güte haben und sich für mich in dieser Beziehung an die Verlagshandlung' der Jahrbücher wenden, so würden Sie mich Ihnen gar sehr weiter verbinden. Später, wenn der Aufsatz wieder in Ihren Zeitfragen abgedruckt würde, dann wünschte ich wohl, dass eine entsprechende Auflage dieses Aufsatzes gleichsam als Abhandlung aus Ihren Zeitfragen zum besondern Verschleiss in den Buchhandel und zu einer noch allgemeineren Verbreitung besonders abgedruckt würde. Doch darüber kann und mag ich mich erst entscheiden, wenn ich mich mit dem Umfange u. s. w. des Aufsatzes bekannt gemacht habe, sobald ich durch Ihre Güte ein Exemplar erhalten haben werde. Ich bitte deshalb, mir solches nicht erst durch den Buchhandel, was oft gar zu langsam geht, sondern direkt mit der Post zu senden.

Ich bin wirklich etwas gespannt, wesshalb mir ein baldiger Empfang gar sehr lieb sein wird, so wie auch desshalb, wenn vielleicht sich noch einige Einschaltungen vor dem Abdruck in den Zeitfragen wünschenswerth machen sollten, wie Ihre Güte bemerkte. Sagen Sie, lieber Herr Doktor, könnte nicht auch ein Auszug Ihres Aufsatzes in einer vielgelesenen Zeitung, z. B. der Allgemeinen Augsburgeroder Kölner-Zeitung abgedruckt werden?

Ich hätte Ihnen wohl jetzt schon Manches sowohl in Beziehung auf die Geschichte der Erziehung, namentlich der klassischen Völker, als auch in Beziehung auf die gegenwärtige Zeitforderung, besonders der Volksbildung, zu schreiben; doch es mag bis dahin aufgeschoben bleiben. —

Schade, dass es sich mit der Ausführung eines Kindergartens in Heidelberg, welche meine Thätigkeit daselbst wieder auf einige Zeit hätte fesseln können, nicht machen will. Wie schön hätten wir nun gemeinsam wirken wollen! Seit meiner Abreise von Heidelberg hat sich mir das Ganze wieder um Vieles geklärt und in seiner tiefen Begründetheit, wie Zeitwichtigkeit gezeigt, namentlich auch durch die Begründung eines Erziehungsvereines. Und dies ist denn das Zweite, wesshalb mich Ihr liebes Briefchen so erfreut hat, indem Sie darin aussprechen, dass Sie auch in dieser Beziehung mit mir übereinstimmen. Seit ich Ihnen das letzte Mal schrieb, hat sich in mir nun auch dieser Gedanke sehr ausgebildet. Ich muss ihn immer mehr — Sie gestatten, dass ich zu Ihnen, wie zu mir selbst, offen reden darf? — also immer mehr muss ich diesen Gedanken, unumwunden ausgesprochen, als den wichtigsten, als den Alles einenden in der Gegenwart ansehen, von welchem aus sich aber auch ebenso wieder Alles löst. Erfassen wir das Kind bis zum 6ten Jahre rein als Mensch, Alles konfessionell Religiöse wenigstens von seiner allgemeinen Behandlung ausgeschlossen, d. h. höchstens dem ganz speziellsten Verhältniss des Vaters, der Mutter zum Kinde anheimgestellt —, so giebt es nichts, das uns mit Beseitigung aller sonstigen Differenzen inniger zu einigen im Stande ist, als die Erziehung, als zunächst die Erziehung bis zur Schulreife. Dieser Gedanke, der Gedanke eines Vereins erziehender Männer und Väter für Erziehung war es denn auch, und das Wirken für dessen Ausführung, was mich bis jetzt noch in Frankfurt gehalten hat. Nach meiner bisherigen und jetzigen Erfahrung kann nun aber dieser Gedanke nur in Ausführung kommen, wenn er zuerst ganz allgemein angeregt und in seiner Nothwendigkeit gezeigt wird. Zu diesem Zweck drängte es mich nun, einen Aufruf niederzuschreiben; ich hoffte ihn durch eines der Frankfurter-, mir entsprechend erscheinenden Blätter — wobei ich den Redaktoren zur Beschneidung bis auf's Wesentliche völlige Freiheit gab — in das grosse Publikum einzuführen, doch die Engherzigkeit der Redaktoren war nicht dazu zu bestimmen.

Der Gedanke, dünkt mich, muss aber nothwendig dem grossen Publikum zur Prüfung und zu einem Gemeingut vorgelegt werden; denn der Gedanke selbst hat auch hier überall, wo ich ihn mittheilte, Anklang und Theilnahme gefunden, obgleich sich durch die trennenden Verhältnisse der Einzelnen noch kein Verein zusammenbringen liess. Die allgemein und offenkundig sich aussprechende Ueberzeugung muss hier die Fesseln lösen. Desshalb möchte ich, dass Alles versucht würde, um nur den Gedanken erst in's grosse Publikum zu bringen. In dieser Beziehung erlaube ich mir nun, Ihnen beifolgend den von mir dafür niedergeschriebenen Aufruf zu überschicken, so wie er der Feder entflossen ist. Prüfen Sie ihn, und finden Sie den Gedanken und die einzelnen Motive desselben wahr, so bitte ich Sie, suchen Sie alles Mögliche aufzubieten, um denselben durch irgend eine Zeitungsredaktion in's Leben einzuführen. Die Form, die Länge und Kürze, Alles gebe ich Ihnen frei und Nichts von dem, was ich in dieser Beziehung niedergeschrieben habe, ist mir an's Herz gewachsen. Allein den Gedanken als solchen wünsche ich in's Publikum ein- und irgendwo von demselben ausgeführt. Könnte denn dieser Aufruf nun noch in den konstitutionellen Blättern *Weil's* oder vielleicht noch besser in der Mannheimer Abendzeitung erscheinen und dann von dieser auch später in das Badische Volksschulblatt aufgenommen werden? Oder könnten Sie ihn nach Köln an *Andreè* für die Kölnische Zeitung bringen? Ich gebe Ihnen Alles frei, allein denken Sie sich den Gedanken in seiner Wirksamkeit (jetzt hat Alles Einheit und einen Kopf), so spricht sich klar und bestimmt aus, was man am Ende durch Alles will: Entwicklung, Bildung, Erziehung des Volkes, und natürlich zuerst in dem heraufkommenden Geschlechte zum Ziele seiner Bestimmung.*)

Könnten Sie freilich sogleich auch die Ausführung eines solchen Vereines, und sei es wirklich nur durch 6—12 Personen, erwirken, so wäre es ganz vortrefflich, damit nur erst die Sache als Faktum dastehe, dastehe als ein Muster für andere Städte; würde Mannheim u. s. w. folgen, so würden sich bald die Früchte eines solchen Vereins allgemeiner zeigen. Wenn die Vereine auch wirklich zuerst nicht mehr bewirkten, als sich über das, was Erziehung heisst, was man darunter versteht, was sie fordert, nur gegenseitig auszusprechen, mitzutheilen — von Einigung will ich Anfangs gar nicht reden —, so wäre schon dadurch viel gewonnen; wenn man dann vielleicht Bilder aus dem Leben der klassischen Völker vorführte, durch deren Anschauen und Vergleichen man erkennte, was wir bedürfen, so wäre durch alles diess zunächst schon ein ordentlicher Schritt vorwärts gethan. Es wäre doch vorläufig eine allgemeine Idee, welche Alle bände. Die Entwickelung der Ausführung würde von Stufe zu Stufe kommen. Ich wollte, ich hätte mit diesem Gedanken in Heidelberg statt in Frankfurt gelebt, ich glaube, ich wäre jetzt dort eher, als hier zum Ziele gekommen: denn hier bin ich noch ganz davon.

Nun, wie dem auch sei, was Sie auch jetzt wirken oder nicht wirken können, halten Sie nur den Gedanken an die Ausführung felsenfest, und bei jeder günstigen

---

*) Der Aufruf, sowohl in seiner von *Fröbel* zuerst niedergeschriebenen Fassung, als auch, wie er schliesslich nach einigen, wohl durch *H.* beeinflussten Abänderungen im Drucke erschien, folgt weiter unten als Beilage F. des Briefes Nr. VIII vom 2. Febr. 1847: wir geben beide Versionen, weil deren interessante Vergleichung zeigt, dass *Fröbel*, wenn es sich um die Sache handelte, nicht rechthaberisch oder selbstgefällig an dem von ihm einmal gewählten Worte festhielt.

Gelegenheit sprechen Sie ihn aus, kleiden Sie ihn in Toaste ein: es ist Alles gleich, nur geben Sie ihn dem Publikum und in der Nothwendigkeit seiner Ausführung!

Werden Sie die Güte haben, mir einen Abdruck Ihres Aufsatzes zu senden, dann schreiben Sie mir auch mit einem Worte, welcher Pflege Sie den Gedanken werth gehalten haben. Mit Herzlichkeit und Liebe grüsse ich Ihre Kinder, deren ich oft, oft gedenke. Auch v. *L.* bitte ich zu grüssen. Bleiben Sie ferner in Liebe gewogen

Ihrem treu ergebenen
Fr. Fr.

IV.

Herrn Professor Dr. *Hagen* in Heidelberg.

Keilhau bei Rudolstadt am 14. Mai 1845.

Hochgeehrtester, lieber Herr Doktor!

Mit dem herzlichsten Danke habe ich die Zusendung des 1ten Heftes der *Weil*'schen konstitutionellen Jahrbücher von der Verlagshandlung in Stuttgart erhalten, und mit vieler Theilnahme und Befriedigung ist Ihr so schöner Aufsatz von mir, wie von Andern gelesen worden; er hat überall, wo ich gehört habe, dass er gelesen worden ist, gar sehr gefallen. Bald nachdem ich die Zusendung von der Verlagshandlung erhalten hatte, war ich genöthigt, eine Reise nach Dresden zu machen, und wie freute ich mich, als dort Ihr förderlicher Aufsatz schon bekannt und gelesen war! Ich zweifle nicht, dass er mir daselbst wenigstens einen recht kräftigen Mann zur Förderung der von mir angebahnten Erziehungsvereine und zur Ausführung eines derselben in Dresden gewonnen hat. Sie wünschen nun von mir zu hören, ob ich bei einem neuen Abdruck desselben in Ihren Zeitfragen, welche, wie ich mich überzeugen muss, auch weit verbreitet bekannt sind, noch etwas hinzugefügt wünschte. Leider hat mich meine oben erwähnte Reise abgehalten, Ihrer gütigen Aufforderung früher entgegen zu kommen. Doch will ich es wenigstens nicht unversucht lassen, Ihnen zwei meiner Wünsche auszusprechen.

Erstlich drängt jetzt Alles so sehr nach der Nutzens-, nach der gewerblichen Seite, nach der Seite des realen Wissens und Könnens und somit auch nach der Seite des frühen äusseren Kennens der Natur und des Gebrauches ihrer Erzeugnisse, dass darüber der zartere Sinn für die Entwickelung und Beachtung des höheren, inneren, geistigen Lebens ganz zurücktritt. Dagegen lässt sich nun nichts thun, der Strom ist zu gewaltig, als dass man sich ihm entgegen stemmen könnte. Man muss also die Sache nothwendig anders zu erfassen suchen und dabei an die Worte des Kaufmann's von *Schiller**) denken:

An das Sidonische Schiff knüpft auch das Gute sich an.

Man muss also auch aus der Werthlegung auf das Aeussere die Werthschätzung des Innern zu entwickeln suchen. Denn der menschliche Geist und noch mehr das deutsche Gemüth kann schlechterdings nicht lange bei dem blos Aeusserlichen verweilen, es muss sich nach dem Innern und Innersten wieder hinwenden. Ich meine also in Beziehung auf unsere erziehende und entwickelnde Kinderführungsweise: um die Theilnahme an derselben, ja ihre Pflege, die Sorgfalt für dieselbe zu wecken, muss man, was ja so offen in ihr liegt, dennoch noch bestimmter hervorheben, wie sie eben auch das Kind frühe in die richtige Beachtung, den rechten Gebrauch aller äusseren Dinge, so

---

*) Gedichte, Stuttgart, *Cotta* 1869 S. 405 (der Kaufmann):
Wohin segelt das Schiff? Es trägt Sidonische Männer . . . .
Euch, ihr Götter, gehört der Kaufmann. Güter zu suchen
Geht er, doch an sein Schiff knüpfet das Gute sich an.

besonders auch der Gegenstände der Natur einführt und so zu einem praktischen Leben, zugleich mit Weckung des Sinnes für den Geist, für das innere Wesen desselben wahrhaft vorbildet. Diess ist das eine, was ich wohl wünschte, dass in der Darstellung des Ganzen — weil diess jetzt als das Wichtigste erscheint, worauf man Werth legt — noch hervorgehoben werden möchte. Ich glaube auch, dass durch die richtige Erfassung und Behandlung des jetzt so praktischen, ja überwiegend materiellen Strebens auch das höhere, noch vereinzelt stehende Streben der Zeit, in den Geist und das Wesen der Dinge und des Lebens einzudringen und dieses und jene in ihrer innern Einheit zu erfassen, welchem besonders auch mein Wirken gewidmet ist, erreicht werden kann. Wie auch *Lamartine* sagt: „Hütet Euch, an der Schöpfung Euch zu versündigen, wenn Ihr die Industrie (man darf wohl im Allgemeinen sagen: das praktische, materielle Zeitstreben) anklagt. Die Industrie ist das Kennzeichen der menschlichen Stärke und Perfektibilität. Für die gesammte Menschheit erwächst daraus eine Vermehrung der Kräfte und der Einigkeit, deren Folgen Gott nur berechnen kann. Endlich kann daraus die von so Vielen ersehnte, aber nie erreichte Universal-Monarchie hervorgehen, ich meine nicht die politische, sondern die Universal-Monarchie der Intelligenz, des Handels, der Industrie und der Ideen." *Chevalier* sagt: „Die Industrie (ich setze wieder das sich unbewusste, praktische, materielle Zeitstreben) ist nichts Anderes, als die Begründung der Geistesherrschaft über die materielle Welt oder der menschliche Geist, der sich aus unserem Erdball einen mächtigen Thron erbaut; Naturerscheinungen, die wir früher aus Furcht wie Götter verehrten, werden zu Vasallen des Menschen und arbeiten folgsam für ihn. So setzt die Industrie, vollständig entwickelt, keineswegs den Materialismus auf den Thron, sondern bewirkt nichts, als eine intellektuelle Erlösung." Weiter sagt *Schmitthenner*: „Es ist eine der grössten

Erscheinungen unserer Zeit, dass des Menschen Geist mit dem Zauberlichte der Wissenschaft immer tiefer und tiefer in das dunkle Reich der Materie niedersteigt und der wilden Naturgewalten Mann und Meister wird." Verzeihen Sie, dass ich diese Stellen, die Ihnen gewiss bekannt sind, hier so ausführlich vorlege, allein ich konnte Ihnen dadurch abermals am bestimmtesten aussprechen, was ich durch meine Kindheits- und Kinderführungsweise, durch meine Spiel- und Beschäftigungsmittel und -Weisen, so ganz vor Allem durch meine Kindergärten zu erreichen strebe; warum ich wünschte, dass diese und überhaupt meine Kindheit- und Kindererziehenden Bestrebungen von dieser Seite in das grössere, allgemeinere, besonders das schaffende, gewerbliche, industrielle, Publikum eingeführt würden, indem es ja eben in dem Zwecke derselben liegt, zu jener höheren Erfassung der Natur, ihres Geistes und ihrer Einheit hinzuleiten. Da nun schon Ihre „Zeitfragen" vom Jahre 1843 sich „über die rechte Verbindung der Wissenschaft mit dem Leben" aussprachen, so glaube ich, würde sich in der jetzigen Fortsetzung und in der trefflichen Abhandlung zu dieser angedeuteten, weiteren Ausführung mehrfach Gelegenheit zeigen. Desshalb die schon ausgesprochene Bitte an Sie, gütig theilnehmender Freund!*)

Nun zu dem Zweiten, was ich wünschte, dass vielleicht bei dem zweiten Abdruck Ihrer gewiss viel bewirkenden Abhandlung erwähnt werden möchte.

Man wendet gegen die allgemeinere Einführung meiner Kinderführungs-, Spiel- und Beschäftigungsweise und besonders die allgemeinere Ausführung meiner Kindergärten immer ein: dass das darin Angebahnte wieder verloren ginge, wenn die Kinder daraus aus- und in die gewöhnlichen

---

*) Diese Seite der Fröbel'schen Erziehungsmethode ist in dem genannten Aufsatze mehrfach betont, so a. a. O. S. 326 ff., 329, 330, s. Anhang.

Schulen einträten. Wenn diess nun auch etwas in der Form sein mag, so ist es doch gewiss nicht dem Geiste nach der Fall. Doch ich will es einmal, um sogleich zu meinem Ziele zu kommen, zugeben: so wären es eben die „Erziehungsvereine", die „Vereine der Männer und Väter (wie hier und da auch schon der Mütter, z. B. in Neustadt an der Orla) für Erziehung", welche nach und nach dieses Störende beseitigen würden. Desshalb wünschte ich, dass, wenn auch Sie es für angemessen hielten, bei dem zweiten Abdrucke Ihrer so erfassenden Abhandlung auch der Gründung der Erziehungsvereine und des bisherigen Erfolges derselben in der Ausführung erwähnt würde.*) Das bis

---

*) *H.* sagt darüber a. a. O. S. 358 ff.: „Allein gesetzt auch, es würde Alles das eingeführt, was wir vorgeschlagen, so stünde immer noch die Schule abgerissen vom Leben da, wenn nicht zwischen ihnen beiden eine beständige Wechselwirkung, eine rege geistige Verbindung vermittelt würde. Zwecklos wäre alles Bestreben der Schule, wenn das, was in ihr angeregt und vorbereitet worden, zu keiner Entwicklung gelangen könnte. Und leider ist dieses gar häufig der Fall. Wie Viele gibt es doch, wenigstens unter den niederen Ständen, welche ausser Lesen, Schreiben und Rechnen fast alles Andere vergessen, was sie in der Schule gelernt! Hier, scheint mir, vermag nichts besser zu helfen, als freie Vereine. Schon bei einer anderen Gelegenheit habe ich die Wichtigkeit der Associationen für unsere Zeit hervorgehoben. Für die Erziehung sind sie nicht minder bedeutend. Durch dergleichen freie Vereine kann die Schule mit dem Leben vermittelt, kann sowohl dasjenige, was in der Schule gelernt worden, erhalten, als auch auf eine naturgemässe, den veränderten Lebensbestimmungen angemessene Weise weiter gebildet werden. Zunächst also wäre für diesen Zweck die Gründung von Erziehungsvereinen anzuempfehlen. Dergleichen sind nun neuerdings wirklich schon in's Leben getreten, im Thüringischen und Sächsischen, und zwar unter vorzüglicher Mitwirkung unseres *Fröbel* (vergl. darüber Nr. 102 des allgemeinen Anzeiger's der Deutschen. Sodann Nr. 36 u. 58 der Dorfzeitung und Nr. 11 des Plauderstübchens [1845]). Es wäre zu wünschen, dass sie bald eine recht grosse Verbreitung fänden. Aber zu diesen Vereinen, welche meist aus Vätern, Müttern, Lehrern u. s. w. bestehen und sich mit der vorzugsweise sogenannten Erziehung beschäftigen, müssen noch andere kommen: solche, in welchen sich Männer aus allen

jetzt darüber erschienene Erfassendste steht in Nr. 102 des Allgemeinen Anzeiger's der Deutschen vom 16. April, von einem gewissen Dr. *Wohlfarth*, welcher auch über Pauperismus und die Schrift: „Das katholische Deutschland frei von Rom" geschrieben hat, wozu auch der Redakteur *Becker* eine Nachschrift gefügt hat, welche zum Theil die bisherigen Resultate enthält. Ich zweifle nicht, dass sich diess Blatt auf Ihrem Museum findet. Ebenso hat auch die Dorfzeitung mehrfach der Sache gedacht; früher erwähnte ich schon der Nr. 36 vom 1. März. Jüngst spricht davon auch wieder Nr. 58 der Dorfzeitung vom 5. April, S. 231. Auch der Allgemeine Anzeiger der Deutschen hat der Vereine schon früher gedacht, so in Nr. 84 vom 29. März, S. 1176. Ich hebe diese Blätter und Nummern heraus, weil ich glaube, dass Sie solche, wenn es Sie interessirt, auf dem Museum, ich meine auch in der Harmonie lesen könnten.

Mehrere andere u n s e r e r Blätter, worinnen des

Classen zusammenthäten, um gemeinschaftlich irgend eine Richtung oder Thätigkeit des menschlichen Geistes, die in der Schule entweder schon angebahnt worden, oder die wenigstens eine folgerechte Entwicklung des in der Schule Gelernten ist, für das praktische Leben durchzubilden. Hierdurch, sieht man, würde die Verbindung der Schule mit dem Leben noch enger: die Erziehung erhöbe sich sodann zu einer höheren Stufe, sie würde eine Nationalerziehung, in der edleren Bedeutung dieses Wortes. Dieser Vorschlag ist um so leichter auszuführen, als dergleichen Vereine ebenfalls schon vorhanden sind: es existiren ja allenthalben Singvereine, Gewerbsvereine, landwirthschaftliche, literarische und Lesevereine. Man dürfte diese nur gehörig organisiren, und ihnen der Vollständigkeit wegen noch einige andere hinzufügen, unter welchen die politischen nicht die unbedeutendsten wären . . . . ." Wir haben diese Stelle desshalb in extenso mitgetheilt, weil die darin zu Tage tretende erweiterte und höhere Auffassung der Erziehungsvereine so recht den allgemeinen Standpunkt des Historiker's charakterisirt und auch uns Epigonen noch Mancherlei zu denken und auszuführen giebt. Weitere Angaben über die Bildung von Erziehungsvereinen finden sich unten gegen den Schluss des Briefes Nr. VIII.

Gegenstands auch förderlich gedacht worden, erwähne ich gar nicht, weil solche nicht bis nach Süddeutschland kommen. Auch sächsische Blätter haben den Aufruf in ihre Spalten aufgenommen. Vereine bestehen, was mir bekannt geworden, jetzt in Eichfeld (wozu als eingepfarrt Keilhau), in Schwarza, nächst Rudolstadt, in Neustadt an der Orla im Weimarischen (woran auch Frauen Antheil nehmen); in Dresden haben sich zur Bildung eines solchen Vereines, ihn gleichsam im Kerne bildend, Dr. *Beger* (Rektor an der höhern Bürgerschule in Neustadt-Dresden), Prof. Dr. *Wagner*, Direktor Dr. *Höfer* und Dr. med. *Löffler* zusammengethan. Von dieser Vereinigung hoffe ich Wesentliches.

Dass die Vereine wirklich in's Leben eingreifen, d. h. beim Volk schon dem Gedanken nach Anklang finden, geht auch aus einer Aufforderung hervor, welche das Beiblatt der Dorfzeitung „das Plauderstübchen" enthält (s. Nr. 11 vom 14. April, S. 42). Da, wenn ich nicht irre, dieses Beiblatt nicht nach Heidelberg kommt, so will ich dieselbe hier wörtlich beifügen:

„Der in Nr. 54 des Allem. Anzeigers der Deutschen von *Fröbel* gethane Aufruf zur Begründung von Erziehungsvereinen hat, wie Nr. 58 der Dorfzeitung berichtet, und wie Einsender aus seinen eigenen örtlichen Verhältnissen weiss, grossen Anklang gefunden und lebhaftes Verlangen nach Inslebentreten solcher Vereine in den Herzen Vieler rege gemacht. An vielen Orten fühlen die Bürger, dass in der Erziehung noch sehr viel zu thun von Nöthen ist; allein sie sind über die entsprechenden Erziehungsprinzipien nicht mit sich im Klaren. Auch finden sich nicht an allen Orten die charaktervollen, begeisterten, geeigneten Männer, die Aufklärung und Anleitung hierin geben können und wollen: Im Interesse derer nun, die das Verlangen nach dem Bessern fühlen, aber den Weg, am besten dahin zu gelangen, nicht kennen und eines Führer's ermangeln, erlaubt sich der Einsender, die Bitte zu thun, dass sich die

Erziehungsvereine, die sich bereits gebildet haben oder noch bilden werden, dahin vereinen möchten, ein gemeinschaftliches Organ ihrer Vereinsverhandlungen herauszugeben und *Fröbel* zu ersuchen, die Redaktion desselben zu übernehmen. Durch die gegenseitigen Mittheilungen würden die Einen von den Andern belehrt werden, wohin zu trachten und zu streben sei, die weniger Gebildeten aber würden von den Kenntnissreicheren lernen, was zu thun sei und worauf es ankomme."*)

Was sagen Sie, lieber Herr Doktor, zu diesem Aufrufe zur Herausgabe eines allgemeinen Organs der Erziehungsvereine?

Durch alles diess liesse sich wohl zu seiner Zeit ein schönes Ganzes erringen. Versuchen Sie darum, ob es möglich ist, auch in Heidelberg (durch Gründung eines Kindergartens) dem Gegenstande Grund und Boden zu gewinnen. Jugend-, Turn- und Volksspiele liessen sich dann gewiss auch bald ausführen, so wie hoffentlich, zunächst wenigstens in einem oder einigen der benachbarten Dörfer Sonntags-, Spiel- und Kindergärten, woran Erwachsene jedes Alters als Zuschauer, besonders als solche auch Mütter mit ihren noch jüngeren Kindern Antheil nehmen könnten, wodurch diese so zweckmässige Kinderbethätigung auch in die Familien und das Haus eingeführt werden, ganz besonders aber auch das immer mehr gefühlte Bedürfniss ächter Volks- und Nationalspiele und Feste nach und nach seine Befriedigung erhalten würde.**) Also, theuerster Herr Doktor, nur erst den kleinsten Anfang, nur erst den geringsten Raum, damit das Samenkorn keimen und seine Pfahlwurzel treiben kann! Es wird sich daraus

---

*) Es folgen noch einige Bemerkungen über die Gründung eines Kindergarten's in Heidelberg, welche, weil rein persönlicher Natur, wir hier weglassen.

**) Ueber Volks- und Nationalfeste als Schlussstein der Erziehung vergl. *H.* a. a. O. S. 363 ff.

schon die kräftigste Pflanze, die schönste deutsche Eiche entwickeln! Geht es an, so wünsche ich 25 Exemplare besondere Abdrücke des Aufsatzes, aber dann auch möglichst bald nach Beendigung des Druckes durch den Buchhandel über Leipzig, durch meine Kommissionäre *Gebhard* und *Reisland* zu erhalten. Wollten Sie vielleicht Ihrem Verleger den Vorschlag machen, ob er es nicht, weil doch der Gegenstand jetzt so viel Interesse und Besprechung findet, für angemessen hielte, eine kleine Anzahl, vielleicht von einigen Hunderten, mit besonderem Titel als selbstständige Broschüre abdrucken zu lassen? Ich glaube, dass sich doch immer einiger Gewinn dabei herausstellen würde; zur grösseren Verallgemeinerung der Sache würde es gewiss beitragen. Ihren lieben Kindern meine herzinnigsten Grüsse und sagen Sie ihnen, dass ich ihrer sehr oft gedenke. — Leben Sie recht wohl und erfreuen Sie wieder mit einigen Zeilen
Ihren dankbaren
Friedrich Fröbel.

Verzeihen Sie mir den langen Brief, auch die Wiederholungen in selbigem: ich musste ihn unter zu vielen Störungen, wie immer, niederschreiben.

V.

Dessau am 20sten Dezember 1845.

Hochgeschätzter, lieber Herr Doktor und Professor!

Obgleich ich eben jetzt auf einer, jedoch bald wieder beendigten Missionsreise, wie im vorigen Jahr am Rheine, Neckar und Main, so jetzt an der Elbe, Saale und Elster begriffen bin, so soll mir diess doch nicht das Jahr verschwinden lassen, ohne Ihnen, mein theurer Herr Doktor, meinen herzlichen und warmen Dank für Ihre, dem Gegenstande meines Herzens bewiesene, so förderliche Theilnahme und Pflege auszusprechen, welche mir das nun bald verflossene Jahr in einer so schönen, reifen Frucht gebracht, die mir und dem Ziele meines Strebens so grosse Theilnahme besonders der Denkenden, gewonnen hat, und eben ganz besonders auf meiner jetzigen Reise, deren Ziel und Mittelpunkt Annaburg bei Torgau, eine königlich preussische Militär-Waisen-Erziehungsanstalt durch die Theilnahme von dem Prediger und Schulinspektor derselben, Herrn *Wöpke*, gewesen ist. Dieser, im verflossenen Sommer mich in Keilhau besuchend, lud mich ein, ihm zur Förderung der für uns bald gemeinsamen Sache einen Gegenbesuch in diesem Herbste zu machen. Mehrfache Ergebnisse dieser Reise und meines Aufenthaltes in Annaburg habe ich unsern *Leonhardi* gebeten, Ihnen mitzutheilen, indem ich mich diesem ausführlich darüber ausgesprochen habe: hier nur die Erwähnung eines, zu dessen Förderung und Entwickelung ich mir jedoch Ihre gütige Mitwirkung zugleich ausbitten muss.

Unerwartet hatte ich Gelegenheit, dem Gouverneur des künftigen Thronfolgers in Preussen, des Sohnes des Prinzen von Preussen, in Annaburg die Idee und die Mittel der von mir angebahnten frühesten Kinderführungsweise vorzuführen, nämlich dem Major *von Felgermann* und Gemahlin. Sie wurden Beide ganz warm für die Sache und der Herr Major versprach, am preussischen Hofe für dieselbe zu wirken. Herr *Wöpke* nun, welcher, wie Sie und unser *Leonhardi*, ein treuer Förderer der Sache ist, wird nun zunächst Ihren Aufsatz in den konstitutionellen Jahrbüchern, von welchem er, *Wöpke*, wegen seiner gesammten Auffassung und klaren Durchführung anerkennend freudig ganz durchdrungen ist, Herrn Major *von Felgermann* zur Kenntniss zu bringen suchen. Allein Herr *Wöpke* sieht sich zur Förderung der Sache in Preussen auch veranlasst, gleich mit Beginne des nächsten Jahres einen Bericht und eine Darlegung der Sache bei seiner Behörde einzusenden, welche jedoch sehr bald durch die verschiedenen Instanzen hindurch bis zum Ministerium kommt. Dieser Bericht und diese Darstellung fordert jedoch eine etwas andere Fassung, nicht dem Wesen, Ziele und Zwecke, sondern der Form nach. Um jedoch diesem Berichte und dieser Darlegung auch die gleiche Gründlichkeit und historische Wahrheit zu geben, hat mich nun Herr Prediger *Wöpke* gebeten, ihm so schnell als nur immer möglich die Materialien zu verschaffen, welche Sie mir gestatteten, Ihnen bei meiner Abreise von Heidelberg im vorigen Jahre als Unterlage zu Ihrer später dann so trefflichen, als wirksamen Darstellung zurückzulassen*). Da ich natürlich aussprechen musste, dass solche noch in Ihrer Hand seien, so hat er mich ersucht, Sie doch ganz ergebenst zu bitten, ihm die bezeichneten Materialien doch gütigst so bald als nur immer möglich, und, wenn es angeht, mit nächster Post unfrankirt und auf seine Kosten, mit Angabe eines entsprechenden Geldwerthes als Manuskripte und Drucksachen, gegen Empfang- oder Postschein zuzuschicken. Da nun die Sache auf dem Grunde, welchen Ihre Theilnahme gelegt hat, weiter und wo möglich zu einem letzten, entsprechenden Ziele gefördert werden soll, so hoffe ich, Sie werden Herrn *Wöpke's* und meine freundschaftlich ergebene Bitte nicht nur nicht übel deuten, sondern gewiss auch gütigst erfüllen. Die Aufschrift ist: „Herrn *Wöpke*, Prediger und Schulinspektor an der königl. preuss. Militär-Waisen-Erziehungsanstalt in Annaburg bei Torgau in der preussischen Provinz Sachsen".

Ausser mehreren einzelnen Aufsätzen im Allgemeinen Anzeiger der Deutschen, in der Dorfzeitung u. s. w. über meine erziehenden Bestrebungen und besonders über die

---

*) Es werden sich dieselben vornehmlich auf *Fröbel's* Entwicklungsgang und dessen frühere pädagogische Laufbahn bezogen haben.

Erziehungsvereine, wovon ich vielleicht noch einige Nummern nachher besonders bezeichne, ist mir vor Allem ein Schriftchen höchst wichtig, welches mir ganz zufällig erst in diesen Tagen bekannt wurde. Es führt den Titel: „Christliche Kindergärten, die eigentlichen Primarschulen der christlichen Republik" von *Rudolf Stooss*, deutscher Pfarrer des Münsterthals, zu Roche. Bern 1845, gedruckt bei *Chr. Fischer*", 42 S. in 8⁰.

Ich bitte Sie gar sehr — es wird Sie gewiss nicht reuen, einen so begeisterten Mitkämpfer*) kennen zu lernen — sich das Büchlein zu verschaffen; es sucht nicht nur für die Sache zu erwärmen, sondern auch sogleich die bestimmtesten Mittel nachzuweisen, wodurch Ziel und Zweck mit Bestimmtheit erreicht werden können. Macht das Büchlein den gleichen Eindruck auf Sie, wie auf mich, so suchen Sie durch die Ihnen zu Gebote stehenden Wege und Mittel die Kenntniss der kleinen Broschüre und deren Verbreitung nach Möglichkeit zu bewirken. Ich glaube, dass dadurch das Werk ganz wesentlich gefördert werden wird. Sollten Sie nicht in *Weil's* konstitutionellen Jahrbüchern oder in Ihren Zeitfragen auf die Broschüre hinweisen können? Sie ruht ja auf politischer, und wenn auch republikanischer**), Grundlage: diese zu beachten, ist ja auch für die konstitutionellen Staaten wichtig. Ich bin sehr begierig, Ihr ruhiges, bestimmtes Urtheil nicht blos über das Schriftchen selbst, sondern auch über dessen Wirksamkeit zu hören. Wollten Sie es mit einigen Zeilen thun, so würde ich sehr dankbar sein.

Sollte es möglich gewesen sein, meinen früheren Wunsch zu erfüllen, dass von dem Abdruck Ihres Aufsatzes über National-Erziehung mehrere besondere Abzüge gemacht

---

*) Näheres über dessen Wirken im *Fröbel*'schen Geiste findet sich in Brief Nr. VIII.

**) Ueber *Fröbel's* Ansicht von der Republik s. den Schluss des letzten Briefes.

worden wären, so würde ich mich gar sehr freuen und herzlich dankbar sein, wenn Sie einen derselben an den Herrn Prediger *Wöpke* mit beilegen wollten.

Auf meiner Reise, wie überhaupt durch mein Wirken bin ich gar sehr oft an Ihre lieben beiden Kinder erinnert worden, so, dass ich mich wirklich nach denselben sehne; ich glaube, wenn die Erfurt-Frankfurter Eisenbahn fertig wäre, ich könnte dadurch bestimmt werden, eine Flugreise zu Ihnen zu machen. Grüssen Sie mir die lieben, herzigen Kinder.

Nochmals wiederhole ich, dass ich hoffe, Herr *von Leonhardi* werde Ihnen weitere Kunde von meinem Leben geben.

Gott führe Sie in Friede und Freude mit all den Lieben Ihres Herzens aus dem alten und zu Friede und Freude in das neue Jahr ein: diess der herzliche Wunsch Ihres dankbar ergebenen
         Friedrich Fröbel.

VI.

Herrn Doktor und Professor *Hagen* in Heidelberg.

Keilhau bei Rudolstadt am 28. Juni 1846.

Hochgeehrtester, lieber Herr Professor!

Soeben lese ich Ihre „Fragen der Zeit" vom Jahr 1845 und finde in denselben viel Vortreffliches; ich wollte, es wäre manches darin Ausgesprochene mir nur vor 4 bis 6 Jahren bekannt geworden, und ich glaube, dass ich dann hinsichtlich der Erreichung des Zieles meiner Bestrebungen auf einem entsprechenderen und genügenderen Punkte stehen würde, als diess in diesem Augenblicke der Fall ist. Doch hoffe ich, es soll mir, es gelesen zu haben und, ohne Zweifel, es wieder zu lesen, auch für die noch wenigen

Jahre, die ich vielleicht nur noch zu leben und zu wirken habe*), von wesentlichem Nutzen sein. Nehmen Sie, lieber Herr Professor, meinen Dank dafür! Ihnen nun diesen Dank auszusprechen, war der erste Zweck dieser Zeilen. Auch in dieser Schrift haben Sie wieder erwähnt, was wir uns persönlich früher schon öfter sagten, dass nämlich unsere Lebensansichten auf ganz verschiedenen Wegen gewonnen sich häufig verschwistert begegnen und auch in der vorliegenden Schrift haben Sie daraus ein Ergebniss gezogen, welches nur aus dem Innersten meiner Ueberzeugungen geschrieben ist, und welches, wenn es in seiner Wichtigkeit beachtet und gepflegt würde, uns zu den schönsten Blüthen und Früchten des Lebens, zu des Lebens reinstem und gegenseitig förderlichstem Einklang führen würde. Denn es würde die so viel Gutes in der Entwickelung hemmende, engherzige Selbstsucht und solchen Dünkel vernichten.**)

Einen recht sprechenden Beweis dafür haben Sie mir wieder in dem trefflichen Aufsatze: „Ueber die historische Entwickelung des Staates" S. 88 gegeben. Erlauben Sie

---

*) *Fröbel* starb sechs Jahre später, am 21. Juni 1852.

**) *Fröbel* bezieht sich hier auf folgende Stelle des Aufsatzes „über nationale Erziehung" (Zeitfragen II. S. 281): „In der That war ich freudig überrascht, in den Grundsätzen, welche *Fröbel* als die einer rechten Erziehung aufstellt, die meinigen zu erblicken, wenn sie auch von mir auf einem ganz anderen Wege gewonnen worden waren, als es bei ihm der Fall war. Es war mir diess aber ein neuer Beleg dafür, dass Ideen, die in der Zeit liegen, sich von selbst verschiedenen Individuen aufdringen, die vielleicht in demselben Momente, und ohne dass sie etwas von einander gewusst, zu den nämlichen Resultaten gelangen. Diese Erfahrung, welche ausser mir gewiss noch gar manche meiner Zeitgenossen gemacht haben, ist ein Beweis, dass ein höherer Geist durch die Menschheit hindurchzieht und dass die öffentliche Meinung, offenbar die bedeutendste Macht, die es giebt, nicht etwa durch künstliche Mittel, durch Zufälligkeit der Mittheilung hervorgebracht wird, sondern dass sie das Resultat einer natürlichen Entfaltung des Geistes der Menschheit ist." Welcher Denkende wird diese wahre Beobachtung nicht von ganzem Herzen unterschreiben?

mir das dort Gesagte in Beziehung auf die von mir angestrebten Kindergärten und überhaupt auf die gesammte von mir verfolgte und verfochtene Kinderpflege und Erziehweise zu parodiren. Denn dass ich durch sie frühe den Menschen dem ächten, reinsten Staatsleben entgegenbilden möchte, diese Ueberzeugung darf ich ja bei Ihnen voraussetzen. Also: „den Zweck eines ächten Kindergartens können wir daher definiren als eine allseitige Unterstützung zu allseitiger Entwickelung. (Es ist hier, wie wir sehen, das germanische Prinzip der Gesammtbürgerschaft schon in dem frühen Kinderleben pflegend und durchbildend aufgenommen, aber nicht blos, wie im Mittelalter in seiner negativen Seite, sondern auch in seiner positiven, was eben ganz wesentlich ist und die Kindergärten vor den Bewahranstalten auszeichnet, wo, wenn auch nicht ganz, doch überwiegend das negative Prinzip vorherrscht.) Ein Kindergarten ist nicht blos dazu da, um zu schützen, sondern auch, um die Möglichkeit einer so allseitigen, als auch individuellen Entwickelung zu gewähren. Hierin allein liegt aber auch schon die Schranke, welche ihm hinsichtlich des Individuums gezogen ist: der Kindergarten hat nämlich die Entwickelung nicht zu bestimmen, nicht zu bevormunden, sondern er hat nur die entsprechenden Mittel für dieselbe herbeizuschaffen. Eine allseitige Entwickelung aller Kinder ist aber nur möglich durch gleiche Rechte und gleiche Pflichten, durch das Kindergartenthum oder Gartenkinderthum. Hierdurch ist für immer die falsche Richtung des individuellen Prinzips aufgehoben, wie sie früher (im Mittelalter) sich zeigte, wie sich diess auch selbst in den Verwahranstalten ausspricht, wo jeder nur für sich und nicht für das Ganze mit Selbst- und Freithätigkeit sorgt. Durch das allgemeine Kindergartenthum aber fühlen sich alle Kinder nicht nur als Glieder des Ganzen gleichsam des Kinderstaates, des Kindergartens, sondern auch, da sie nur durch ihn in ihrer Freiheit geschützt werden, demselben verpflichtet, aufgefordert, zu seinem Gedeihen und seiner Blüthe beizutragen. Durch diess Gefühl der Kinder aber und durch die Bethätigung desselben erlangt das Ganze erst seine wahre Einheit und seine wahre Kraft." *)

Bei dieser meiner Ueberzeugung von dem Wesen und dem Wirken der Kindergärten, welche ja auch Sie in den „Fragen der Zeit" theilen und die, wie ich aus den Landtagsverhandlungen, z. B. hinsichtlich der Unabsetzbarkeit und Unversetzbarkeit der Richter schliessen kann, auch von den Landständen beachtet werden,**) bei diesem Zusammentreffen wundert es mich wirklich, dass dieser Gegenstand frühe beachtender und entsprechender Kinderpflege durch die Ausführung von Kindergärten noch immer nicht von irgend einem Volksvertreter auf dem Landtage angeregt und auf diesem besprochen worden ist, da man diess doch mehrfach mit Ackerbau- und solchen Bauernschulen gethan hat. Und wahrlich, die Kindergärten, wie auch von Ihnen so ganz erfasst, sind nicht minder wichtig, wenigstens von noch allgemeinerer Wichtigkeit: denn ich möchte, dass kein Kind des betreffenden Alters von dem Besuche eines Kindergarten's ausgeschlossen würde, in welchem amtlichen oder geschäftlichen Verhältnisse auch immer die Eltern desselben stehen.

Halten Sie darum, lieber Herr Professor, den Gegen-

---

*) Es ist diess eine ausser einigen Zusätzen und Erweiterungen sich sonst getreu an das Original anschliessende Paraphrase einer längeren vom Staat und Staatsbürgerthum handelnden Stelle von *Karl Hagen's* „Fragen der Zeit", Bd. II S. 88 f., indem jeweilen den Begriffen: „Bürger", „Staat", „Gemeinwesen", „Staatsbürgerthum" die der „Kinder", des „Kindergarten's" und des „Kindergartenthum's" substituirt werden.

**) Es wird nämlich in dem eben genannten Aufsatze „über die historische Idee des Staats" a. a. O. S. 90 von *Hagen* Folgendes verlangt: „Daher entweder Einführung von Geschwornengerichten, oder wenigstens völlig unabhängige, selbstständige, unabsetzbare, so wie auch unversetzbare Richter mit Oeffentlichkeit und Mündlichkeit."

stand für irgend eine Zeit der Ausführung immer fest; denn ich muss immer die gleiche Ueberzeugung aussprechen, dass Heidelberg zur Herstellung einer derartigen Musteranstalt, eines Muster-Kindergarten's für das Badner-Land und vielleicht auch für angränzende Länder viel, sehr viel bietet.

Einen recht wackern, so kurzen als einfachen Aufsatz, welcher mich gegen eine Beschuldigung oder Meinung *Ramsauer's* in seinem „Buche für Mütter" in Schutz nimmt, finden Sie im Allgemeinen Anzeiger der Deutschen Nr. 157 vom 13ten dieses Monats. Vielleicht haben Sie Gelegenheit, denselben auf dem Museum zu lesen und vielleicht irgend wo und wie zum Besten der Sache weiter zu benutzen.

Eben sehe ich, dass ich den gefälligen Ueberbringer dieser Zeilen, Herrn *Lohse*, Lehrer aus dem sächsischen Voigtlande, noch nicht bei Ihnen eingeführt habe. Er lebt für die, auch von Ihnen vertretene Idee der Kinderpflege und Bethätigung und gedenkt nach seiner Rückkehr aus der Schweiz, wohin er jetzt zur Stärkung seiner Gesundheit zu reisen gesonnen ist, in dem Orte seines Wirkens, in Milau, nahe bei Plauen im sächsischen Voigtlande, mit seiner Schwester, welche sich seit Monaten unter meiner Leitung hier dafür ausbildet*), einen Kindergarten auszuführen. Da er selbst von Rudolstadt aus, wo er seit mehreren Wochen zur Herstellung seiner Gesundheit lebte, mehrfach an meinem jetzigen Bildungskursus Antheil genommen hat, so ist er vielleicht auch im Stande, Ihnen eine oder die andere Mittheilung zu machen und Frage zu beantworten, welche Ihnen lieb ist, wesshalb ich mir erlaubte, denselben bei Ihnen einzuführen. Auch hat er Ihren belehrenden, ausführlichen und der Sache so förderlichen Aufsatz sowohl in den Jahrbüchern, als in den „Fragen

---

*) Vergl. auch Brief Nr. VIII an mehreren Orten.

der Zeit" gelesen und sich daran sehr erbaut, wesshalb ich ihm auch gern die Freude machen wollte, den Verfasser desselben persönlich kennen zu lernen. Ich hoffe desshalb Ihre gütige Nachsicht, sowie von ihrer Güte irgend einen freundlichen Nachweis zur Förderung und Erreichung seines Reisezweckes, welcher zugleich ein pädagogischer ist.

Gar sehr freue ich mich, wenn ich durch diese Gelegenheit wieder einmal etwas von Ihnen höre.

Grüssen Sie alle Ihre Lieben und ganz namentlich Ihre liebe Kinderdrei recht herzlich von mir. Stets in Liebe und Treue   Ihr dankbar Ergebener
Friedrich Fröbel.

VII.

Herrn Prof. Dr. *Karl Hagen* in Heidelberg.

Keilhau bei Rudolstadt am 3. Juli 1846.

Hochgeehrtester, lieber Herr Doktor!

Unmöglich kann ich in mir den Dank zurück drängen, mit welchem ich mich gegen Sie, nach Lesung Ihrer „Zeitfragen", und namentlich der Abhandlungen „über die historische Entwickelung der Idee des Staates"*) und „über das republikanische und monarchische Element in Deutschland"**) ganz durchdrungen fühle. Zwar habe ich mir erlaubt, Ihnen diesen Dank schon in einem Briefe anzudeuten, welchen Ihnen in den nächsten Tagen einer meiner jungen Freunde, Herr Lehrer *Lohse* aus Sachsen überbringen wird***). Doch gründet sich das Dankgefühl, welches ich jetzt Ihnen auszusprechen zu Ihnen komme, auf eine

---

*) Bd. II S. 25—91.
**) Bd. II S. 96—148.
***) Es ist der vorstehende, Nr. VI.

umfassendere und tiefere Wirkung Ihrer „Zeitfragen" auf mich und meine erziehenden Bestrebungen, indem ich zwar schon längst, wie auch meine kleinen Anzeigeschriften beweisen, die Ueberzeugung in mir trug, dass der ächte zeitgemässe Volks-, ja Menschheitserzieher dem Wesen des Staates und seinen Forderungen nicht fremd sein dürfe. Nach Lesung Ihrer so belehrenden Schrift und namentlich der beiden gedachten Abhandlungen erkenne ich tief, dass man gar kein wahrer und erfolgreicher Volkserzieher, nicht etwa blos der Jugend, ja selbst nicht einmal der jüngsten Kinder seines Volkes sein kann, wenn man nicht nur nicht von dem Wesen des Staates und dessen Forderungen ganz durchdrungen, sondern auch in die historische Entwickelung der Idee des Staates ganz eingeweiht ist und sie lebenvoll in sich trägt. Für diese nun, für den ächten, zeitgemässen Volks-, Kindheit- und Jugenderzieher so wichtige Erkenntniss, welche ich in ihrer Klarheit und Einzelnheit durch Ihre genannte Schrift Ihnen, lieber Herr Doktor, verdanke, fühle ich mich Ihnen nun mit ganz besonderem und warmem Herzensdank verpflichtet. Es ist zwar, wie ich schon andeutete, wahr, dass ich meine erziehenden Bestrebungen nicht nur an den allgemeinen, wie an den besondern menschlichen Forderungen, an den Forderungen des Wesen's des Menschen, seinen sozialen, materiellen, intellektuellen und religiösen Bedürfnissen, sondern auch an der Geschichte und den Entwickelungsgesetzen der Natur prüfte. Allein ich ersehnte sie längst auch an einer Geschichte der Erziehung bei uns Deutschen, von ihren ersten Keimen bis zu ihrer gegenwärtigen Gestalt zu prüfen, indem eine ächt fortentwickelnde und endlich zum Ziele führende Volkserziehung nur auf einem solchen Fundamente ruhen, auf und aus ihm sich nur erheben kann. Bisher nun habe ich mich nach einer solchen Geschichte des deutschen Erziehungswesens, so sehr ich ihr Wesen ahnete und sie darum ersehnte, vergeblich umgesehen. Ihre, besonders die erstere der beiden Abhandlungen, zeigt mir nun schon ganz wesentliche Punkte dieser Geschichte, so dass ich, wenn ich auch noch nicht behaupten will, ich habe den Schlussstein meines volksthümlichen Erziehungsstrebens gefunden, nun doch sagen kann, dass ich weiss, wo ich ihn zu suchen und zu finden habe. Ich wünschte desshalb wohl — und ich will mir von Ihnen die Erlaubniss erbitten, Ihnen diesen Wunsch unbefangen auszusprechen — ich wünschte, dass Sie, lieber Herr Doktor, eine Geschichte des deutschen Gesammterziehungs- und Unterrichtswesens vom Standpunkte der Entwickelung der Idee des Staates aus schrieben, wenn auch wenigstens nur eine leichte Skizze dieser Geschichte in grossen Umrissen, wie diese eben angeführte Abhandlung selbst. Es müsste diess, wie ich ahne, zu merkwürdigen parallelen Ergebnissen führen und diess ein festes, historisches Fundament zur Sicherung einer ächt deutschen Volks- und Nationalerziehung geben. Ich gestehe Ihnen ganz unumwunden, lieber Herr Doktor, dass ich die Ueberzeugung in mir trage, man würde auf diesem Wege zugleich auf das historisch volksthümliche Fundament meiner Idee einer allgemeinen Erziehung (siehe meine Anzeigeschriften: „An unser Volk" und „Durchgreifende Erziehung" u. s. w.) kommen. Ja, es würde sich sogar eine rein historische Grundlage für meine Idee der deutschen Kindergärten finden. Ich bitte Sie, mit dieser Aeusserung dasjenige zu vergleichen, was ich mir erlaubte, in dem Herrn *Lohse* mitgegebenen Briefe*) auszusprechen. Und erziehen die Kindergärten nicht das Kind frühe in der Achtung und Pflege des Familienlebens, und führen es so der brüderlichen und schwesterlichen Genossenschaft entgegen? Wecken sie im Kinde nicht frühe die schaffende und schützende Thatkraft und Einsicht? Leiten sie das Kind nicht zur klaren Erkenntniss des innern, nothwendigen

---

*) Siehe den vorigen Brief.

Wechselverhältnisses zwischen Einheit und Mannichfaltigkeit und so zur Anerkenntniss des Rechtes, wie zur Ausübung der Rechtlichkeit, der Sittig- und Sittlichkeit und so weiter zum wahren Frieden, zum Frieden im Innern, wie mit der Genossenschaft, darum auch zur religiösen Verständigung und Einigung? Führen so die Kindergärten nicht das Kind allseitiger Mündigkeit, wie Männlichkeit entgegen? Darum nennt auch „Der Allgemeine Anzeiger der Deutschen" im vorigen Jahre irgendwo die Kindergärten „ein ächt deutsches Institut."*)

Ich wünschte wohl, das hier Angedeutete schiene Ihnen, hochgeehrtester Herr Doktor, wichtig genug, um dem Gegenstande bei einer Fortsetzung Ihrer „Fragen der Zeit" oder sonst in einem Ihnen entsprechenden Organe noch weiter Ihre förderliche und einführende Beachtung und Bearbeitung zu schenken. Von Ihnen dargestellt und auf solchem historischen Fundamente ruhend, dünkt mich, müsste der Gegenstand besonders auch von den Volksvertretern, mindestens den Gemeindevorständen noch mehr und so, wie die Sache es verdient, beachtet werden. Er verdient gewiss immer allgemeiner zur Sprache gebracht zu werden.

Wollen Sie mir wohl eine weitere Bemerkung verzeihen? Sie erwarten die **Vermittelung** der beiden sich entgegenstehenden staatlichen Elemente von den Fürsten.**) So dachte ich auch einst; sollte sie aber nicht mit weit grösserem Rechte und Erfolge vom Volke aus — von der Erziehung des Volkes zur Idee der Vermittelung hervorgehen? Der Charakter, das Bestreben und Geschäft der Kindergärten in Allem, was darin geschieht, ist eben das der Vermittelung. Vielleicht ist Herr *Lohse* im Stande,

---

*) Auch in der Nr. 172 vom J. 1846, s. unten Beilage II. zu Brief VIII.
**) Vgl. den Aufsatz: „Ueber das republikanische und monarchische Element in Deutschland", Fragen der Zeit II S. 146 ff.

Ihnen auf Ihren Wunsch dafür einige Beweise zu geben. Dieses durchgreifend und allseitig Vermittelnde eben, was ich wohl schon in meinen früheren, unmittelbar persönlichen Mittheilungen hervorhob, was sich aber in der Anwendung immer erfolgreicher herausstellt, welches man auch, wenn man einen anderen Ausdruck dafür will, das allem ächten Menschen-, Familien- und Volksbedürfnisse Entgegenführende oder lieber Vorbildende nennen kann, dieses ist es eben, was den Charakter der Kindergärten, der darin ausgeübten Kinderführungs-, Spiel- und Beschäftigungsart und somit Erziehungsweise ausmacht. Es kommt dadurch eine so lebensfrische, freudigfrohe, thatkräftige und gestaltungsreiche, wirklich beglückende Harmonie nicht nur in das Innere des Kindes, sondern in seine gesammten Lebensverhältnisse, dass ich es nicht unterlassen kann, Sie, hochgeehrter, lieber Herr Doktor, zu bitten, ja aufzufordern, dem Gegenstande ja auch ferner noch Ihre prüfende und in das Leben einführende Aufmerksamkeit von Ihrem Standpunkte aus zu schenken. Ich möchte sagen: es ist im Keime die praktisch ausführende, realisirende Seite zu dem, was Sie als Schriftsteller erstreben, und das ist es ja doch auch, was Sie ersehnen, dass die Ergebnisse Ihrer Forschungen zu thatsächlichen Früchten für's Volk und die Menschheit werden. Es ist meine tiefste Ueberzeugung, dass diejenige Lebens- oder vielmehr Weltansicht, welche den Kindergärten und dem Streben nach ihrer Ausführung zu Grunde liegt, wie sie dem Lebensganzen, dem Menschheit- und Volksstreben, wie dem richtig verstandenen Streben jedes Einzelnen entspricht, so auch ihre Vertreter auf den Lehrstühlen der Universitäten finden wird. Erfreulich wäre es darum immer, wenn eine solche Anstalt als Musteranstalt sich auf einer deutschen Universitätsstadt bilden sollte, wo sich der Erfolg sogleich thatsächlich zeigte. Ich bekenne darum offen, dass ich zunächst keine dazu geeigneter fände, als Heidelberg, in geistiger Einigung mit Ihrem Wirken und Ihren Bestrebungen, wie mit dem gesammten Badener Streben nach Ausführung eines ächt staatlichen Leben's.

Es thut mir sehr leid, dass ich so weitläufig geworden bin, allein es drängte mich, mich Ihnen offen und ganz auszusprechen. Nr. 176 des Allgemeinen Anzeigers der Deutschen vom 2. Juli enthält wieder einen Aufsatz über die Ergebnisse der praktischen Ausführung der Kindergärten.*) Auch Herr *Lohse* kann Ihnen gerade über diesen Punkt gewünschte Mittheilungen machen.

Nun noch eine Bitte: Sie lassen mir durch Herrn *von Leonhardi* sagen, dass, wenn die 25 durch Ihre Güte von der Verlagshandlung Ihrer „Zeitfragen" gegen Vergütung erbetenen, besonderen Abdrücke Ihres Aufsatzes über nationale Erziehung noch nicht bei mir angekommen wären, ich mich desshalb an die Verlagshandlung selbst wenden möchte. Da nun Herr *Lohse*, welchen dieser Brief hoffentlich noch in Heidelberg trifft, auf seiner Rückreise aus der Schweiz durch Stuttgart kommen wird, hätten Sie desshalb wohl die Güte, demselben ein paar Worte an Ihre Verlagshandlung mit der Bitte mitzugeben, ihm gedachte Exemplare, wie gesagt gegen Vergütung von meiner Seite, einzuhändigen? Ich glaube solche auf diesem Wege am sichersten und schnellsten zu erhalten. Ist Herr *Lohse*, wie ich hoffe, noch in Heidelberg, so ersuche ich Sie, beiliegende Zeilen gütigst bald demselben zukommen zu lassen·

Unzählig oft denke ich in meinen Kinderkreisen auch Ihrer lieben herzigen Kinder und wünsche mich einmal wieder in deren Nähe; ihnen meinen Gruss! Stets mit dankbarer Liebe   Ihnen ergeben

Friedrich Fröbel.

---

*) Mitgetheilt unten in Beilage G zu Brief VIII.

VIII.

Herrn Professor Dr. *Karl Hagen* in Heidelberg.

Keilhau bei Rudolstadt am 2. Febr. 47.

Hochgeehrtester, theurer Freund!

Sie haben mir nicht nur erlaubt, sondern in Ihrem jüngsten, lieben Brief sogar gewünscht, ich möchte Ihnen wieder einmal ausführliche Kunde von meinen erziehenden Bestrebungen besonders für die noch nicht schulpflichtigen Kinder und namentlich von dem Fortgange der Kindergärten geben. Je erfreulicher nun die steigende Anerkenntniss, welche Beide bisher gefunden haben, um so mehr war es mir Forderung meines Herzens, Ihre treue Theilnahme durch einen möglichst ausführlichen Bericht von dem Fortgange meiner Bestrebungen zu erwidern; allein eben dieser Fortgang und dessen Forderungen waren es, welche mich an der Erfüllung meines eigenen Wunsches bisher hinderten. Jetzt nun aber, wo Alles zu einem bestimmten Abschluss gekommen ist, von wo aus die Sache mit erneuter Kraft, geklärteren und vermehrten Mitteln, in vielseitigerer Richtung einer erweiterten Entwicklung entgegengeht, jetzt soll es aber auch mein Erstes sein, Ihnen möglichst ausführlichen Bericht zu erstatten; denn ich muss gar sehr wünschen, dass Sie mit Ihrer wahren und warmen Theilnahme in der thätigen, förderlichen Weise der Sache der Kinder gewogen bleiben, welche Ihrer Vertretung schon so viel verdankt.

Am Besten, glaube ich, erfülle ich meinen Wunsch und Ihre Erwartung, wenn ich Ihnen meine Mittheilungen in einer Art von Chronikform gebe; Sie verarbeiten dann die einzelnen Thatsachen am Besten zu einem Ganzen, denn dass ich gar sehr wünschen muss, Sie möchten sowohl in den konstitutionellen Jahrbüchern, wie in Ihren vielgelesenen Zeitfragen wieder einmal auf den Gegenstand zurückkommen, das liegt wohl sehr in der Sache.

Meine jüngsten Mittheilungen an Sie waren durch den Lehrer Herrn *Lohse**) und gingen so bis zur Mitte des Sommers und so bis nahe zu der Zeit der Beendigung meines vorigen Kurses. Die nach demselben in gewisser Hinsicht für mich eintretende Freizeit war zu einer Reise nach der Saale, Elster, Mulde und so in eine Gegend der Elbe bestimmt.

Ich wählte den Weg über G o t h a, um dort den am 3. September 1845 gegründeten Kindergarten, an welchem Fräulein *Christiane Erdmann***) Vorsteherin und Gärtnerin ist, zu besuchen. Ich hatte, wie ich Ihnen auch wohl in meinem vorigen Briefe schon mitgetheilt habe,***) so viel Erfreuliches von dem Fortgange dieser Anstalt, selbst in dem Allgemeinen Anzeiger der Deutschen, gehört, die Kleinen hatten mir schon so manche ihrer hübschen Arbeiten mit kindlichem Grusse zugeschickt, dass ich recht begierig war, diesen so lieblich, als frisch und gesund heraufwachsenden Kindergarten in seiner Blüthe zu sehen. Und ich wurde in keiner Hinsicht in meinen Erwartungen getäuscht: Zufriedenheit, Heiterkeit, ja Kinderglück in den nahe 50 Kleinen, welche diesen, man möchte sagen blumig duftigen Kindergarten besuchen; Zufriedenheit, Heiterkeit und Seelenglück in dem Herzen der Kindergärtnerin; wahre Zufriedenheit und viel Freudigkeit an dem guten Fortgange dieser Anstalt bei allen denen, welche auf irgend

---

*) S. oben Nr. VI.
**) Ein Brief der Kindergärtnerin zu Lünen (Westphalen), Frl. *Marie Christ* an diese ihre Freundin, findet sich in Beilage B. Dass *Fröbel's* Urtheil über dieselbe durchaus richtig war, beweist der nachher mitgetheilte, äusserst frisch und nett geschriebene Brief.
***) Die beiden letzten Briefe, welche allein nach dem hier angegebenen Zeitpunkte geschrieben sind, enthalten über diesen Punkt keinerlei Angaben.

eine Weise Antheil an ihr nehmen: bei den Eltern, bei Kinderfreunden, bei den Lehrern der Stadt, wie bei den städtischen und Schulbehörden. Ich gestehe Ihnen, hochgeehrtester Freund, es war mir auffallend, wie ein noch so junges und so einfaches Mädchen (sie ist die Tochter eines verstorbenen Landschullehrers, zwischen 19—20 Jahre alt) sich eine so allgemeine Theilnahme und Zufriedenheit erwerben konnte; allein das macht die naturgetreue Pflege der Kindheit und deren Erfolg. Ich höre, dass, wenn die Menschen an dem Hause des Kindergartens vorübergehen — er ist mitten in der Stadt —, sie oft stille stehen, um den lieblichen Gesang der Kinder bei ihren frohen Spielen zu hören. — Kinder, welche dem Kindergarten schon entwachsen sind und nun schon die ordentliche Schule besuchen, freuen sich, Mittwochs und Sonnabends Nachmittags sich wieder in dem ihnen so lieb gewordenen Kindergarten beschäftigen zu dürfen. Wie nun aber Kinder und Eltern mit dem Erfolge dieser Kinderführungsweise zufrieden sind, so sind es auch die Lehrer, welche aus dem Kindergarten Nachwuchs in ihre Schulen erhalten haben.

Am Schlusse des vorigen Jahres schreibt mir diese liebe Kindergärtnerin: „Sie werden gewiss gern auch wieder etwas von unserm Gärtchen hören wollen. Manche Bäumchen sind erstarkt, die werden nun in kräftigeren Boden verpflanzt; aber auch neue sind wieder dazugekommen. Besonders sind die Handwerker recht dafür begeistert. — In der letzteren Zeit haben wir mit dem grossen Baukasten (der fünften Gabe) gebaut; da giebt's Freude! Aber ganz merkwürdig ist: Manche ziehen immer ihre kleinen Klötzchen vor; Andere wieder wollen immer einen grossen Kasten. „„Ach!"", sagte neulich die kleine, sechsjährige *Helene Schott*: „„Bitte, bitte, gieb mir nur einen grossen Kasten, ich will gewiss recht artig sein!"" Die baut nun köstlich. Anfangs war es eine unbekannte Masse, da gab's viel zu thun, zumal beim Einpacken; jetzt sind sie schon vertraut damit. Eine wahre Lust ist es, zu sehen, was die kleinen Händchen erschaffen; welche Belebung sie ihren Bauten geben und wie ihre Ansichten derselben immer klarer hervortreten. Es ist ein ewig reiches Feld für jeden aufmerksamen Beobachter. Es ist einer der schwersten, aber wohl auch der schönste Beruf, den es geben kann, Kindergärtnerin zu sein!"

„Zu Weihnachten musste es ein Liedchen geben, da half Alles nichts. Eine Melodie fand sich bald, und, siehe, nach und nach kam auch ein Liedchen zu Stande. Und wenn nun in Erwartung des Christkindchens das Herzchen der Kinder vor Freude hüpfte, da wurde jubelnd das Liedchen angestimmt. Mit welcher Begeisterung sangen die kleinen Kehlchen das Lob Gottes! „„Kein Konzert"", versicherte mich neulich ein Kinderfreund, „„hat mich so angesprochen!"" Einige neue Beschäftigungen und Spiele haben sich auch gefunden" u. s. w. u. s. w.

„Aber was sagen Sie dazu, dass wir Kanons singen? — Ich wundere mich oft selbst, wie die Kleinen ihre Stimme halten. Der kleine Kanon, welchen ich Ihnen hier beilege: „„Rein und helle muss des Sängers Stimme sein"", wird von den Kleinen besonders gern gesungen. Wissen Sie aber, was ich, lieber Herr *Fröbel*, sehr wünschte? dass Sie wieder ein ähnliches Blatt, wie das Sonntagsblatt, herausgäben; in diesem besitzen wir wirklich einen wahren Schatz. Ich sollte nicht meinen, dass solches in der jetzigen Zeit unbeachtet bliebe, und wie bildend ist es', wenn man seine Ansichten austauschen kann! Ach, wenn es doch nur zu Stande käme! Dann ständen unsere Kindergärten gewiss nicht mehr so vereinzelt da, sondern sie würden ein grosses Ganzes bilden. Nun, ich hoffe das Beste."

So diess junge Mädchen, *Christiane Erdmann*. — Jetzt hat ihr Kindergarten über 60 Kinder. Zwei meiner Schülerinnen des vorigen Kursus, *Anna Hesse* aus Annaburg bei Torgau und *Amalie Krüger* aus Halle hatten mich nach Gotha, wo wir einige Tage verweilten, begleitet und ich war hoch erfreut, dass diese ein so schönes Lebensbild gesehen hatten. Mit welchen Gefühlen ich Gotha verliess, das können Sie sich wohl sagen!

Nun ging es nach Halle, wo eben Fräulein *A. Krüger* zu Hause. Hier hatte, wie Sie sich aus der früheren Mittheilung*) wohl erinnern, schon in der Pfingstzeit vorigen Jahres sich besondere Theilnahme für die Sache der Kindheit geweckt, welche auch durch einen praktischen Vortrag von mir über diesen Gegenstand genährt worden war. Jetzt wünschte man, da sich durch meine Begleiterinnen so gute Gelegenheit dazu zeigte, auch Ausführungen der Spiele mit den Kindern selbst. Die Bewahranstalt Nr. 1 an der Promenade und die Kinder derselben wurden dazu ausersehen. Ein sehr gewähltes Publikum, viele Lehrer des Waisenhauses, so wie selbst der Direktor desselben, *Niemeyer*, mehrere Lehrer und andere Männer und Frauen aus der Stadt waren Zeugen dieser Ausführung; und die allgemeine Stimme sprach aus: dass alle Anwesenden, durch die sich dadurch frei machenden Erscheinungen in der Kinderwelt, für die Sache wahrhaft begeistert geworden wären. Ich glaube auch ganz gewiss, dass es mehrfach auch zu einer bestimmten Fortwirkung gekommen sein würde, wenn nicht die in Halle so stark herrschende religiöse Meinungsverschiedenheit dazwischen getreten wäre. Doch traten einige achtbare Männer aus der Stadt mit dem Vorsatz und Streben hervor, gemeinsam dahin zu wirken, dass mit dem nun kommenden Frühling ein Kindergarten in Halle ausgeführt werde. Vorläufig wurde schon Fräulein *Amalie Krüger* (eben Schülerin des vorigen Kursus) dafür als Kindergärtnerin in Anspruch genommen. —

Doch ein Hauptzielpunkt meiner jetzigen Reise war Quetz, ein Dorf jenseits Halle, in der Nähe von Stums-

---

*) Die noch vorhandenen, oben mitgetheilten Briefe sprechen sich hierüber nicht aus.

dorf, an der Hallisch-Magdeburgischen Eisenbahn rechts. Ich zweifle nicht, Ihnen in meinem jüngsten Briefe mitgetheilt zu haben*), wie, durch meinen Vortrag zu Pfingsten vorigen Jahres veranlasst, der dasige Pfarrer *Hildenhagen*, ein sehr eingehender Freund und thätiger Beförderer der Kindergärten, wie überhaupt der in ihnen angestrebten Kinderführungs- und Beschäftigungsweise geworden war. Schon zu Pfingsten lud er mich ein, mein Standquartier für meine in Halle zu machenden Mittheilungen bei ihm in Quetz, welches auf der Eisenbahn nur $1^1/_2$ Stündchen von Halle entfernt ist, zu nehmen, und schon dort war sein Entschluss, thätigst und durch unmittelbare Ausführung in seinem Dorf für die Verbreitung der Kindergärten zu wirken, so entschieden, dass er mich ersuchte, ihm im Laufe des Sommers eine bei mir gebildete Kinderführerin zu besorgen, um zunächst mit der von mir angebahnten Kinderbeachtungs- und Bethätigungsweise bei seinen eigenen 2, 3 lieben Kindern (in dem Alter der lieben Ihrigen, als ich die Freude hatte, mich vor einigen Jahren zu Zeiten mit ihnen zu beschäftigen) — den Anfang zu machen und von da aus dann die eigentliche Ausführung eines Kindergartens in Quetz zu beginnen. Diess war nun geschehen. Seit einigen Wochen war Fräulein *Ida Weiler*, welche mit Fräulein *Erdmann* den früheren Bildungskursus bei mir gemacht hatte, im Hause des Herrn Pastor, aber zunächst als die Führerin seiner eigenen Kinder eingetreten. Mit diesen und einigen anderen, dazu eingeladenen, noch nicht schulpflichtigen Kindern des Ortes wurde nun der Anfang entwickelnder Spiele gemacht. Nächsten Sonntag wurden auch die Schulkinder dazu eingeladen; selbst sämmtliche noch nicht konfirmirten Kinder der Gutsherrschaft, des Orts- und Kirchenpatrons fanden sich dazu ein; da gab es denn ebenso allgemeine Freude unter den als Zuschauer erschienenen Eltern und Erwachsenen, wie

---

*) Ein solcher Brief liegt nicht mehr vor.

unter den Kindern und der Jugend: mit Einigungs- und Anfangsliedern wurde begonnen, wie mit Eintrachts- und Schlussliedern jedesmal geendigt. So gieng es mehrere Wochen nach einander fort: jeden Tag in der Woche wurde Nachmittags mit den noch nicht schulpflichtigen Kindern und Sonntags Nachmittags mit den sämmtlichen Schul- und kleineren Kindern des Ortes in dem Hofe und geschützten Raume der Pfarrwohnung gespielt. Das Endergebniss nun vom Ganzen war eine so allgemeine Zufriedenheit mit dem Erfolge dieses Versuches, dass der Herr Pastor den Ankauf eines eigenen Grundbesitzes zur Ausführung eines Kindergartens schon im September verflossenen Jahres möglich machte: eines Grundbesitzes, ausser einem, zu verkaufenden oder zu verpachtenden Acker bestehend in einem entsprechenden Hofe, worauf ein einstöckiges Wohnhaus nebst einer Scheuer mit Stallung, dann noch ein Garten von 73 Fuss Breite und 120 Fuss Länge und im Ankaufspreis von Reichsthl. 1000 pr. Cour. Diese Lokalitäten sind nun nach dem Plane des Herrn Pastor's, damit das Ortsschulwesen ein Ganzes werde, wie zu einem Kindergarten für die noch nicht schulpflichtigen Kinder, so zu einem Uebungs- und Spielplatz für die Schulkinder in täglichen oder wöchentlichen Freizeiten und zu einer Fortbildungsschule für die Jugend nach beendigten Schuljahren bestimmt. Mit dem Frühlinge werden die Gebäulichkeiten zu diesen 3 Zwecken hergestellt werden, bis dahin wird das Ganze diesen Winter hindurch, so wie es eben sich machen lässt, für die Zwecke des Kindergartens benutzt. Dass der Herr Pastor durch seine gesammte Wirksamkeit Eintracht in der Gemeinde und mit sich, mit der Gerichtsherrschaft, wie mit der Schule zu erreichen gewusst hat, durch gewecktes und genährtes Vertrauen u. s. w., das geht wohl sattsam aus dem Ganzen hervor; allein er trägt auch das Ganze stets allseitig pflegend in seinem Herzen und er lässt keine Gelegenheit vorüber gehen, demselben die Pflege auch äusserlich angedeihen zu lassen. So z. B. veranlasste er bei Gelegenheit einer, während meiner Anwesenheit bei ihm stattfindenden Pastoralkonferenz ungesucht eine Mittheilung und Vorführung des Gegenstandes nach verschiedenen Seiten hin, wodurch gerade einige der denkendsten und strebendsten Pastoren der Umgegend für die Sache gewonnen wurden.

Da er wusste, dass eben in dieser Zeit meines Aufenthaltes zu Quetz in dem benachbarten Städtchen Zörbig die Ausführung einer Kinderbewahranstalt besprochen werden sollte, so veranlasste er weiter, dass ich von dem Vorstande derselben zu einer Schlussberathung eingeladen wurde. Diess geschah und hatte zunächst für die von mir vertretene Idee den Gewinn, dass ich mit den im Obigen gedachten Schülerinnen *Anna Hesse* und *Amalie Krüger* (wovon die letztere die Schwägerin des Herrn Pastor *Hildenhagen* ist), die sich nebst einer dritten gerade mit mir zum Besuche in Quetz befanden, weiter zu der Eröffnung der Kleinkinderbewahranstalt eingeladen wurde, um mit diesen einige unserer Spiele und Beschäftigungsweisen auszuführen. — Allein an dem Tage der Eröffnung hatten sich wohl der Vorstand und andere den Plan theilende Personen, aber aus den wunderlichsten Ansichten der eigentlich theilnehmen sollenden Eltern keine Kinder eingefunden; zwei kleine nur waren es, die wir grabend in einem hergerichteten Sandhaufen vorfanden; was war da zu thun? — Etwas musste doch geschehen. — Ich fragte: „Sind denn gar keine Kinder in der Nähe?" — „„Ach! Kinder genug"", hiess es, „„allein keine zur Theilnahme an der Bewahranstalt!"" — „Nun", sagte ich, lasst sie herbei kommen! Ich will ihnen zeigen, wie es die Kinder in einer zu einem Kindergarten erhobenen und heraufgebildeten Bewahranstalt treiben!" Und bald hatten sich so viel Kinder, da es hiess, es solle gespielt werden, um mich und um uns versammelt, dass der Raum zum Spiele jetzt nicht mehr genügen konnte; da hiess es denn ferner: „Lasst uns in den Schlossgarten unter die schönen schattigen Linden gehen!" — Und mit einer Schaar spiellustiger Kinder jedes Alters fand sich denn auch, ausser den Männern ex officio, noch eine grosse Anzahl Erwachsener beider Geschlechter, besonders der Honoratioren des Städtchens ein. — Wie unser Spiel aus dem Stegreif so bald und allgemein bekannt wurde, begreife ich selbst nicht. Genug, es wurde mit einer Anzahl von wohl 50 und mehr Kindern einige Stunden in Abwechslung zur Freude der Alten, wie der Jungen, bis gegen Mittag gespielt. Ohne dass man es merkte, führte ich ein Spielganzes vom Einfacheren und gleichsam Vorübungsspiel bis zum verbundenern und freieren Spiele und Bewegungen vor, suchte auch Alles, so weit es die Zeit erlaubte, durch Wort dem Verständniss und der Einsicht in die Bedeutung, wie durch Melodie und Lied dem Gemüthe näher zu bringen, was die Freude Aller erhöhete und zu einer wie geistigen, so gemüthvollen erhob. Denn meine sing- und spielfertigen Schülerinnen liessen es durch ihren frischen belebenden Gesang nicht daran fehlen, das schon an sich Wohlthuende solcher Spielweise noch zu steigern. — Als ich eben schliessen wollte, trat ein schon hochbejahrter Mann mit einem ebenso bejahrten Mütterchen am Arme herbei und bat mich, ich möchte doch Mehreres von Neuem beginnen, indem seine Frau, die eine grosse Kinder- und Spielfreundin derselben sei, nicht früher hätte kommen können. Da ich ihm durch die Sache selbst, wie durch die vorgerückte Zeit die Unmöglichkeit davon zeigte, so erhoben sich Stimmen und sagten: Es seien wohl noch gar Manche, besonders unter den Frauen, in dem Städtchen, welche gern von dem Erfolge solcher Spiel- und Beschäftigungsweise Zeugen gewesen, die aber theils durch die Vormittagsarbeiten an ihrer Gegenwart verhindert, theils aber auch von dem, was vorgehe, gar nicht unterrichtet worden wären; ob wir uns daher nicht geneigt finden lassen und Nachmittags nochmals mit den Kindern spielen wollten: es würde diess gewiss von mehrfachem Nutzen sein. Nach Zustimmung meiner wackern Gehülfinnen sagte ich es zu, und nun wurden unter der laubigen Baumhalle die Tische zu einem einfachen Mittagsmahl zusammen geschoben, an welchem viele der Anwesenden Antheil nahmen.

Einige Stunden verflossen schnell unter den mancherlei Mittheilungen, welche das Ganze hervorrief, theils auch durch Ergänzungen und Erweiterungen, und ehe ich es vermuthete, sahn wir uns schon wieder von einer Schaar spiellustiger Kinder mit Freude strahlenden Augen umgeben, und schon fanden sich auch wieder Erwachsene ein, die Freude der Kinder zu theilen. War nun die Zahl der theilnehmenden Erwachsenen und Kinder schon am Morgen gross gewesen, so war diese Zahl Nachmittags wenigst doppelt so gross; denn die Vorsteherin einer weiblichen Arbeitsschule kam mit der Gesammtheit ihrer Schülerinnen und bat mich nach dem Wunsche derselben, dass sie auch an dem Spiel Antheil nehmen könnten. So gross nun aber auch der Spielraum war, so war er doch zu klein, um alle Kinder als Spielende zugleich zu fassen; da musste ihre Zahl getheilt werden und sie traten nun abwechselnd in den Spielkreis. Diess gab aber dem Spiele wieder ein neues Interesse, indem nun immer wieder frische Kräfte bei jedem neuen Spiele eintraten. Ob wir gleich noch fast 2 Stunden von Zörbig bis Quetz zu gehen hatten, so endigte sich das Spiel doch erst spät, welches ich, gleich wie in einem schon bestehenden Kindergarten, mit einem Einzugsliede begonnen und einem Eintrachtsliede geschlossen hatte, so dass alle Anwesende, Kinder und Erwachsene, ein klares, geschlossenes Bild vom Ganzen mit sich fortnahmen. Einmüthig bis auf Einen*) wurde nun ausgesprochen: nicht

---

*) Nicht „ad unum omnes" sondern wörtlich zu nehmen, wie das Folgende zeigt.

eine beschränkte Bewahranstalt, sondern ein, alle Kinder umfassender Kindergarten sollte ausgeführt werden. Und nun das Ergebniss vom Ganzen? Die Ausführung dieses schönen Gedankens scheiterte an der hierarchischen Halsstarrigkeit dieses Einen, eines sonst wohl achtbaren Geistlichen, welcher ein ausgeprägtes Bild einer gewöhnlichen Bewahranstalt in sich trug, welches so mit seinem Entschlusse, dasselbe auch auszuführen, verwachsen war, dass er sich zuletzt auf das ihm, als Schulinspektor des Ortes, zustehende Recht berief. Ob ihm nun gleich die Ausdehnung dieses Rechtes bis auf die Einrichtung einer Bewahranstalt oder eines respektiven Kindergartens mehrseitig streitig gemacht wurde, so mochte sich doch Niemand mit ihm in einen Kompetenzstreit einlassen, und so unterblieb die Ausführung eines Unternehmen's, welches unter allgemeiner Theilnahme begonnen hätte und dem ein einziger Mann, wenn es ungehemmt als reiner Kindergarten in's Leben träte, der Kreisphysikus Dr. *Heine*, gleich zum Beginne 50 Reichsthl. Unterstützung zusicherte. So fanden sich noch einige und, ich glaube, bedeutendere Unterstützungen, welche aber unter einem gewissen Rechtstitel der Pastor für die Bewahranstalt in Anspruch nahm. Genug, Sie sehen, was ein Mann und namentlich ein Geistlicher, ein Pastor, mit seinem hierarchischen Willen hemmen, ja zerstören kann, wie Sie umgekehrt an dem Pastor *Hildenhagen* in Quetz wieder sehen, was ein humaner Geistlicher in Einklang mit seiner Gemeinde und im Zusammenwirken mit seinen Verhältnissen zum Wohle nicht allein seiner Gemeinde, sondern, durch diese, als Beispiel für das ganze liebe Vaterland wirken kann. Von einer solchen (protestantisch) hierarchischen Halsstarrigkeit, welche auch nicht einmal auf die vernünftige Vorführung der Sachlage seiner Amtsbrüder hört, kann man sich gar keinen Begriff machen, wenn man sie nicht erlebt hat. Die aber, welche es mit erlebten, sagen: der Grund seines Widerstreitens sei nicht etwa eine Ueberzeugung, dass, was er wolle, das Bessere sei, sondern der eigentlich im Innersten wirkende Grund sei der, dass der Gedanke der Ausführung eines Kindergartens in Zörbig nicht von ihm ausgegangen sei. Als ich später, nach Monaten, wieder nach Zörbig kam, sagte man mir, dass die Spiele und Lieder einen so tiefen Eindruck auf die Kinder gemacht hätten, dass sie beide noch unter sich übten, besonders auch einzeln viele der Liedchen sängen. Was hätte hier werden können, besonders da auch die Lokalität einen schönen Garten- und Spielraum im Freien bot, wie denn auch schon Beetchen für die Kinder im ersteren hergerichtet waren! Und das Spiel im Schlossgarten, war es nicht der Anfang von Jugendvolksspielen? — *)

Ich theile Ihnen diess so ausführlich mit, um Ihnen zu zeigen, dass der Grund der geringen Fortschritte, welche die Sache macht, nicht in dem Wesen, Geiste und der Wirkung derselben, sondern in dem eigensinnigen Widerstreben Einzelner liegt. Wovon ich noch gar manches Beispiel aufführen könnte! —

Von Quetz aus begleitete ich die eine meiner Schülerinnen des letzteren Kursus, die schon genannte *Anna Hesse*, nach Annaburg bei Torgau, um sie dort in ihren neuen Beruf, in den dort neu zu errichtenden Kindergarten einzuführen. Unter ähnlichen Umständen, wie in Quetz, wiederholte sich Aehnliches. Mit unserer Ankunft daselbst eröffneten wir Spiele mit freier Theilnahme. Durch die Eintracht, die aber auch hier wieder zwischen dem Pastor des Ortes, dem Herrn Dr. *Seyler* und der Gemeinde herrscht, durch das fernere einträchtige Zusammenwirken der Glieder einer Gesellschaft, der Harmonie (so, glaub ich, heisst sie) war bald Alles in Ordnung: Eltern hatten sich mit ihren Kindern zur Theilnahme unterzeichnet, die Beiträge bestimmt, ein

---

*) Diess ist eine offenbare Anspielung auf *Hagen's* Aufsatz über nationale Erziehung, Fragen der Zeit II p. 363 ff.

passendes Lokal war gemiethet, der Gehalt der Kindergärtnerin festgesetzt, die sonstigen Unkosten gedeckt, so dass der Kindergarten zu Annaburg nun seit Monat August seinen gesegneten Fortgang hat. Hier in Annaburg ist es besonders der Prediger und Schulinspektor an der königlich preussischen Militär-Waisen-Erziehungsanstalt, Herr *Wöpke*, welcher namentlich in jener Gegend für die Verbreitung und Ausführung der Kindergärten thätig ist.*) —

Seit mehreren Jahren von dem regen Männer-, besonders auch Lehrer- und Turnerleben im sächsischen Voigtlande, namentlich in P l a u e n und der Umgegend angezogen und durch Wechselbeziehungen bestimmt, wozu noch eine besondere Einladung von A d o r f aus an mich kam, führte ich nun den längst gehegten Wunsch aus, die ebengedachte Gegend des sächsischen Voigtlandes und zuerst Adorf zu besuchen, um dort persönlich für die Aus- und Einführung von Kindergärten zu wirken. Zwei Männer waren und sind es besonders, welche hierin gleiches Streben mit mir theilen: es sind diess die Gebrüder *Lohse*, von denen Einer Ihnen auf seiner Reise nach der Schweiz meinen Gruss brachte**) und der Aeltere Rektor zu Adorf ist. Dieser Letztere war es denn auch, welcher mich gastfreundlich zu sich eingeladen hatte, wie denn auch Adorf mit seinen Männern des Fortschritts, *Todt* u. s. w. der Mittelpunkt des Wirkens für die Sache werden sollte und auch wirklich wurde.

Im September kam ich nach Adorf und fand schon seit Monat Juli die Kinder- und Jugendfreunde durch einen, durch zwei Nummern des Adorfer Wochenblattes (Nr. 28. 29. Vom 15. u. 22. Juli 1846) hindurch gehenden Aufsatz, überschrieben „Fröbel im Voigtlande" auf meine Ankunft, ohne dass ich davon eine Ahnung hatte, vorbereitet. Nun aber

---

*) Ueber diesen Mann s. oben Brief Nr. V.
**) S. oben Brief Nr. VI.

konnte ich, als ich es erfuhr, mir den freundlichen Willkommen, mit welchem man mir überall entgegenkam, erklären. Und so war es nun auch bei den Spielvorführungen, wie den Sachmittheilungen, welche ich theils, wie sich eben die Aufforderung und Gelegenheit dazu fand, theils in den dazu bestimmten Orten und Zeiten gab. Immer fand ich eine rege Theilnahme unter einfachen Bürgern, wie unter wissenschaftlich gebildeten Männern, Lehrern, Geistlichen und besonders bei den städtischen Behörden. Des Rektor *Lohse* Schwester, welche im jüngsten Kursus meine Schülerin gewesen war*), unterstützte mich, da sie, wie es bestimmt war, in der gleichen Zeit ihren Bruder, den Rektor besuchte. Endlich nach verschiedenen solchen, theils gelegentlichen, theils absichtlichen Mittheilungen und Spielvorführungen wohl mit nahe 80, vielleicht mehr Kindern auf dem dasigen Schiesshausplatze wurde endlich am 16ten September zu einer Vorführung des Ganzen eingeladen. Ich lege Ihnen diese Einladung, welche von Rektor *Lohse* ist, hier bei (s. unten, Beilage A).

Noch nie bei einer meiner Mittheilungen, die erste dieser Art in Dresden abgerechnet, hatte sich eine so zahlreiche Zuhörerschaft und noch nie ein Publikum aus solcher Entfernung eingefunden. Denn nicht nur aus den benachbarten Orten und Städtchen, wie z. B. Neukirchen, Schöneck, sondern auch aus dem noch entfernteren Oelsnitz waren Superintendent und Lehrer eingetroffen, ja sogar mehrere Lehrer aus dem doppelt so weit entfernten Plauen waren da. Und eine wirklich allgemeine Begeisterung war das Ergebniss dieser Mittheilungen; nach fast jedem der benachbarten Städtchen wurde ich zu Mittheilungen eingeladen, um dort auch den Boden zur Aussaat für Kinderglück, Familienheil und Volkswohl aufzulockern. So folgte ich einer solchen Einladung nach Neukirchen. Ohne viel

---

*) S. oben Brief Nr. VI.

Zubereitung, wie sich eben die Gelegenheit fand, machte ich dort Mittheilungen, und gerade diese wirkten auch hier wieder wahrhaft begeisternd, wie Sie vielleicht aus den Zeilen ersehen, welche mir bald darauf ein Stadtrath schrieb:

„Sie danken mir für meine warme Theilnahme an Ihrem Streben. Wohl, ich nehme diesen Dank zu unserer beiderseitigen Ehre an, als Erkennungszeichen edlen Wirkens. Wollte Gott, es gelänge mir, bald, baldigst auch dem hiesigen Orte einen Kindergarten bescheert zu sehen! Ich werde das Meinige dafür thun und Ihnen dann weitere Nachricht davon geben. Und wissen Sie, was den gestrigen, hier verlebten Abend, der auch Ihnen eine so frohe Erinnerung giebt, so würdig auszeichnet? Für meine Person nicht nur, wohl für alle strebsamen Gegenwärtigen kann ich es bekennen, es war die Gewissheit der Ueberzeugung, **dass Ihr Streben ein volksthümliches, für alle Klassen des Menschengeschlechtes ausführbares ist.** Von diesem allgemeinen Standpunkte aus reiche ich Ihnen gern den herzlichsten Händedruck meiner thätigen Theilnahme" u. s. w. „Neukirchen, am 24. September 1846. *Gottlieb Adolf Glier.*"

Für Adorf selbst würde das Ergebniss dieser Mittheilung sogleich die Ausführung eines Kindergartens gewesen sein, wenn sich auch sogleich eine Führerin, eine Gärtnerin für denselben gefunden hätte; allein Fräulein *Lohse* war von ihren Brüdern zur Ausführung eines Kindergartens in den Wohnort des jüngsten Bruders — in Milau — bestimmt, wovon nachher.[*]) Nach meiner Abreise soll eine weitere Mittheilung über mein Wirken — wie ich aus Dresden höre — in dem Adorfer Wochenblatte erschienen sein, welche mir aber nicht zu Gesicht gekommen ist, mir aber doch Zeugniss giebt, dass die Sache dort noch fortlebt.

Unterm 8. November verflossenen Jahres schreibt mir

---

[*]) Vergl. oben Brief Nr. VI.

der Bürgermeister (und Landtagsabgeordnete) *Todt*: Vom Stadtrathe ist schon vor mehreren Wochen der Beschluss gefasst worden, mit einem Kindergarten für hiesige Stadt den Versuch zu machen und die Kosten dazu, wenn die Stadtverordneten ihre Zustimmung dazu geben, aus der Stadtkasse zu entnehmen. Da jedoch die Stadtverordneten schon seit langer Zeit abgehalten wurden, Sitzung zu halten, so hat ein definitives Resultat leider bis jetzt noch nicht erlangt werden können.... Dazu kommt aber auch noch, dass es immer wünschenswerth ist, dem Publikum eine praktische Anschauung von der Sache s o f o r t zu verschaffen."

Da ich nun dazu keine Person vorschlagen konnte, so ist leider die Ausführung eines Kindergartens in Adorf bis jetzt unterblieben, ich hoffe aber, dass sie mit kommendem Frühling in's Leben treten wird, weil an dem jetzigen Bildungskursus einige Jungfrauen mit schöner Vorbildung und Liebe zu diesem Berufe Antheil nehmen, welche für ihre einstige Wirksamkeit noch keine bestimmten Stellen haben. —

Der Herr Superintendent *Zapff* in O e l s n i t z war es besonders, welcher durch die zuletzt gedachte, ausführliche Mittheilung in Adorf ganz für die Sache gewonnen war. Seinen warmen Sinn für die Sache wünschte er nun bei Mehreren seines Städtchens zu wecken, und so lud er mich so herzlich, als dringend ein, bei meiner Rückreise, welche über Oelsnitz führte, bei ihm einzusprechen und geeigneten Ortes über den Gegenstand einen Vortrag zu halten, was ich denn auch that, nämlich, wie gewöhnlich, in einer doppelten Vorführung, einmal einer geordneten Mehrheit von Spielen mit den Kindern selbst und dann einer Darstellung der Spielmittel, ihres Wesens, ihrer Wirkung und ihres Zweckes. Die Theilnahme war, wie in Adorf, eine warme, lebenvolle, und das nächste Ergebniss, dass der Lehrer *F. Schilbach* sogleich die Anwendung an und mit seinen Kindern, ihnen vielleicht noch einige andere zugesellend, beginnen wollte und sich zu diesem Ende sogleich mit dem dazu nöthigen Apparat, d. i. den nöthigen Spielmitteln und Schriften versah. —

War nun die Theilnahme in den drei genannten Städten schon eine lebenvolle gewesen, so war doch die, welche der Gegenstand in Plauen — der Hauptstadt des Kreisdirektions-Distriktes „sächsisches Voigtland" — fand, eine noch viel regere, eben weil natürlich hier ein grösseres Lehrerpersonal und ein grösserer Kreis mehrseitig gebildeter Menschen sich findet. Ich kann Ihnen darum auch gar nicht alle die Männer und Familien nennen, welche sich ganz besonders bei der Sache betheiligten; ich nenne blos die Familie des Bürgermeister *Gottschalk*, den Advokaten und Landtagsabgeordneten *Braun*, den Direktor der Bürgerschule *Caspari*, den Kantor *Fink*, einen ganz besonderen Kinder- und Waisenfreund und wirklichen Vater derselben, Kaufmann *Heinig*, den Apotheker . . . . .*), einen seltenen theilnehmenden und von der Sache tief ergriffenen Mann, und ganz vor Allen den Lehrer *Rascher*. Durch die Vermittelung nicht nur dieser, sondern noch mehrerer Anderer kam bald eine Vorführung, besonders der Spiele in der Bürgerschule zu Stande. Auch hier hatten sich Theilnehmende aus der Umgegend, sogar einige Stunden entfernt, eingefunden. — Der Grund dieser regen und allgemeinen Theilnahme lag auch hier in einer, wenige Tage vorher in einem Plauenschen Lokalblatte stattgefundenen Einführung in die Sache. Diese Einführung stand in dem in Plauen bei *August Wieprecht* herauskommenden „Wochenblatte für Mühltruff, Pausa, Elsterberg und die Umgegend" und geht durch drei Nummern hindurch. Nr. 40 vom 3. Oktober enthält: „*Fröbel* und sein System der Kindererziehung". Erster Artikel

---

*) Die von *Fröbel's* Hand selbst herrührende Originalschrift setzt statt des Namens in der That nur ein Paar Punkte.

4¼ Spalten. Nr. 41 vom 10. Oktober: „*Fröbel*" etc. Zweiter Artikel 6 Spalten, mit dem Motto: „Lasset die Kindlein zu mir kommen" u. s. w. Nr. 42 vom 17. Oktober: „*Fröbel*" etc. Dritter Artikel 4½ Spalten. Ueber die Quelle zu dieser Darstellung sagt der Verfasser: „Der Gewährsmann für unsere Darstellung ist der treffliche Geschichtsforscher Professor Dr. *Karl Hagen* in Heidelberg (siehe dessen Zeitfragen, 2ter Band)."

Bei dieser Gelegenheit will ich nur mit dem herzlichsten Dankgefühl und aufrichtig dankendem Händedruck aussprechen, dass dieser Ihr Aufsatz die Sache sehr gefördert hat; überall und ganz allgemein hat er wegen seiner Ruhe, Klarheit und überzeugenden Kraft gar sehr gefallen. Es ist mir diess mehrfach ausgesprochen worden. Ich habe mich gar sehr gefreut, zu finden, wie weit Ihre Schriften, auch *Weil's* konstitutionelle Jahrbücher, auch in Norddeutschland herauf gelesen werden.

Doch nach diesen Danksworten nach Plauen zurück! Unter den Vielen, welche sich hier durch warmes, kräftiges Wort und rege, förderliche That für die Ausführung der Sache bemühten, war und ist besonders der schon genannte Lehrer an der Bürgerschule, Herr *Rascher*. Nach meiner Abreise von Plauen schreibt er mir hinsichtlich des Ergebnisses seiner Thätigkeit unterm 3. Nov. vorigen Jahres schon Folgendes nach Halle a. d. S.: „Der Entschluss, welchen ich Ihnen in Bezug auf die Einführung eines Kindergartens in Plauen aussprach, so viel ich nämlich mit meinen schwachen Kräften dazu beitragen kann, wird in Ausführung kommen. Nachdem ich nun durch unsern gemeinsamen Freund, den Rektor *Lohse*, vorläufig einigen Spielapparat empfangen habe und mehrere Vorbereitungen getroffen, werde ich kommenden 6. November die erste Aussaat und zwar nach drei Seiten hin beginnen. Der Herr wird seinen Seegen dazu geben, dass der gute Erfolg nicht ausbleiben wird. Ich werde nämlich wöchentlich vier Stunden in der Bürgerschule mit 30 Kindern (die Anzahl wird sich noch vermehren), in der Beschäftigungsanstalt 2 Stunden mit 80*) Kindern und im Waisenhause wöchentlich 2—4 Stunden mit 20 Kindern mich beschäftigen und gewiss eifrig bemüht sein, die Kleinen in das Heiligthum Ihres grossen Streben's und Wirken's einzuführen, und so einen kleinen Anfang machen zu einem grossen, umfangreichen, vielleicht sämmtliche Pflanzen Plauen's umfassenden Kindergarten, gegründet und geschützt von grossen, mächtigen und einflussreichen Personen. „„Klein anfangen und gross aufgehört, ruhig, stetig und gewiss!"" ist in Allem, also auch hier in diesem heilbringenden Werke, mein Wahlspruch. Herr Kantor *Fink* lässt hoffentlich die Angelegenheit mit Fräulein *R.* auch nicht fallen." Ich theilte Ihnen, theurer Freund, diesen Brief so ausführlich mit, damit Sie auch die Männer ganz kennen lernen, welche für die Sache arbeiten, und wie sie thätig sind.

Sie sehen, ich habe mich mit meinem Vertrauen in das kräftige Voigtland und Plauen nicht getäuscht. Möchte doch ebenso auch recht bald mein hohes Vertrauen in Heidelberg und in die dortigen Männer des Fortschritts eines solchen Erfolges sich zu erfreuen haben! Doch wir sind ja noch im Voigtlande! Um Ihnen nun ein lebendiges Bild der sich dort aussprechenden, regen Theilnahme zu geben, will ich Ihnen doch auch nachträglich den Brief des Herrn Superintendenten *Zapff* in Oelsnitz noch mittheilen, worin er mich zu einem Vortrag in Oelsnitz aufforderte: „Es wird mir recht lieb sein, wenn Ihre Zeit es Ihnen gestattet, bei Ihrer Durchreise durch Oelsnitz auch hier in einer öffentlichen Gesellschaft einigen Saamen der heiligen Idee, welcher Sie Ihr Leben gewidmet haben und von der Ihre ganze Seele erfüllt ist, zur künftigen Reife

---

*) Die Zahl, nicht ganz deutlich geschrieben, könnte auch 30 gelesen werden.

auszustreuen. Da meine Herrn Lehrer und ich schon in Adorf Ihre aufmerksamen Zuhörer gewesen, so verspreche ich Ihnen, dass Ihr Wort an uns nicht vergebens ergangen sein soll."

Die theilnehmenden Freunde in Plauen wünschten nun gar sehr, dass ich auch nach Reichenbach gehen und dort einen Vortrag halten möchte, weil auch dort für die Sache sehr empfängliche Männer seien, deren einer der Oberlehrer *Weinhold* sei. Da Reichenbach auf meinem Wege lag, so erfüllte ich gern der Freunde Wunsch. Durch die Vorführung in der dasigen Schule mit einer grossen Anzahl von Kindern am Nachmittage, wobei sich, wie am Abend bei Erläuterung der Spielmittel selbst auch ein namhaftes Publikum Erwachsener einfand, wurde Herr *Weinhold* bestimmt, sogleich mit seinen, im entsprechenden Alter sich befindenden Kindern einen Anfang der Ausführung zu machen und zur weiteren Verbreitung nach und nach einige Freundeskinder hinzuzunehmen. Gar sehr gern wäre ein mehrseitig dafür begabtes Mädchen, die Tochter eines Dr. med., als Schülerin in meinen jetzigen Bildungskursus eingetreten, um sich für diese Kinderführungs- und Beschäftigungsweise auszubilden, wenn es deren pekuniären Mittel erlaubt hätten. Doch ist zunächst schon viel gewonnen, wenn der Sinn für solche Kinderpflege nur mehrfach in den Gemüthern der Jungfrauen angeregt wird.

Ganz dicht bei Reichenbach liegt das Städtchen Milau, wo der Ihnen bekannte junge *Lohse**) Lehrer und jüngst Kantor geworden ist. Er hat besonders den Zweck mit seiner Schwester, die jetzt bei ihm lebt und mit welcher er an dem vorigen Bildungskursus zugleich in dieser Absicht Antheil nahm, einen Kindergarten in Milau auszuführen. Er ersuchte mich nun, weil ich so nahe sei, durch Spielvorführung und Sachmittheilung den Gegenstand auch

---

*) S. oben Brief Nr. VI.

dort einzuführen, was ich gern that, ersteres wie gewöhnlich, Nachmittags und das zweite unmittelbar am darauf folgenden Abend. Unter den daran Theilnehmenden wurde ganz besonders der Pastor des Ortes, Herr *Heubner* (Glied einer im Voigtlande wegen ihres allgemeinen Sinnes und Strebens auch allgemein hochgeachteten Familie) und der Kaufmann und Landtagsdeputirte *Metzner* oder *Metzler* für die Sache gewonnen, und wie ich höre, soll sie in gutem Fortgange sein. —

Fast von allen Seiten aufgefordert, doch ja an dem lebensregen Zwickau nicht vorbei zu gehen, nahm ich, obgleich diess ein wenig aus dem Wege lag, meine Rückreise über Zwickau. Mit vielen freundlichen Briefen von Adorf, Oelsnitz, Plauen und Milau versehen und besonders aus dem erstgenannten Orte mit einem Briefe vom Bürgermeister *Todt* an seinen Schwager, den Direktor der Bürgerschule, ich glaube *Möckel*, kam ich in Zwickau an. So eingeführt kamen auch bald in dem schönen Saale des stattlichen Bürgerschulgebäudes die gewöhnlichen Spiele und fast fixirten Mittheilungen zu Stande, beide vor einem sehr gewählten und namhaften Auditorium. Genannter Herr Direktor *Möckel* und der Stadtrath *Oberländer* (Landtagsabgeordneter) waren es ganz besonders, welche dem Gegenstande von Anfang bis zu Ende ihre ungetheilte, wirklich gespannte Aufmerksamkeit bis in's Kleinste und Prüfendste hin schenkten. Der Herr Direktor *M.* sagte mir: „Offen will ich es Ihnen gestehen, wir haben viel erwartet, aber es freut uns, wir haben doch noch mehr gefunden und erhalten, und seien Sie versichert, es wird nun nicht locker gelassen, bis auch Zwickau seinen Kindergarten besitzt. Schade, dass eben unser Herr Bürgermeister krank ist", sagte der Herr Direktor *Möckel* zu mir, „sonst würde die Sache durch ihn sogleich mächtigen Vorschub gewinnen." Auch der Herr Archidiakonus *Heubner*, der Bruder des Herrn Pfarrers in Milau, nahm sich der Sache sehr an.

Unter mehreren Städten Sachsens, wohin man wünschte, dass ich noch klare Mittheilung über das Wesen der Kindergärten bringen möchte, wählte ich die gerade auf meinem Rückwege liegende fürstlich Schönburgische Stadt Glauchau, wohin mich ebenfalls mehrere freundliche Briefe, z. B. an den Herrn Bürgermeister, an den Kaufmann und Landtagsabgeordneten *Ziegler* und an den Direktor der Schule begleiteten. Wie ich für den Gegenstand willige Ohren und Herzen fand, so auch einen ernsten beachtenden Sinn. Und mit Bestimmtheit wurde der Gedanke festgehalten, beim Ankauf eines Grundstückes zur Erbauung eines neuen Schulgebäudes, welches in diesem Jahre ausgeführt werden soll, mit Hof-, Garten- und Spielraum, wie mit den andern Lokalitäten, auf die Ausführung eines Kindergartens Rücksicht zu nehmen.

Auch hier fanden die schon mehrmals erwähnten zwei Vorführungen, die einzelner Spiele mit den Kindern selbst und später die des Spielganzen u. s. w. Statt.

Dies der ausgestreute Saame zu einer zeitgemässen, entwickelnd erziehenden Kinderpflege, von dessen weiterem Keimen, Wachsen, Blühen und Früchten nun Kunde zu geben der Folgezeit überlassen bleibt. Im Keimen, ja im Wachsthum befindet sich schon die Aussaat in Annaburg, Quetz und Plauen. Ich hoffe Ihnen jedoch, theurer Freund, im Laufe dieses Jahres von den anderen Städten noch das Gleiche zu berichten.

Ich eilte nun nach Keilhau zurück, um den mehrfach angekündigten Bildungskursus für Kindergärtner und Kindergärtnerinnen zu beginnen. Von Halle aus begleitete mich zur weiteren Theilnahme daran Fräulein *Amalie Krüger* wieder nach Keilhau. In Halle schloss sich an uns noch ein junger Schulamtskandidat aus Torgau an, um sich gleichfalls in diesem bevorstehenden Kursus für diese Wirksamkeit auszubilden, mit Namen *Seuffert*.

Am 8. November kamen wir gemeinsam in Keilhau

an, und gleich in den nächsten Tagen darauf begann der neue Bildungs- und Lehrkursus. Die Theilnehmer an diesem Bildungskursus nun sind, ausser den beiden so eben genannten, Frl. *A. Krüger* und Herrn *Seuffert*, noch Fräulein *Auguste Steiner* vom Thüringer Walde, Fräulein *Auguste Michaelis* aus Gotha, ein junges Landmädchen aus der Nähe, eine junge Schullehrer-Wittwe aus Hildburghausen und Fräulein *Amalie Beatus* aus Köstritz, also im Ganzen sieben Personen. Wie sie nun Alle viel Lust und Freude zu dem Berufe zeigen, welchen sie sämmtlich aus Neigung und Liebe zu den Kindern gewählt haben, so machen sie auch Alle, nach Maassgabe ihrer eigenthümlichen, persönlichen Anlagen, gute Fortschritte. Und ich hoffe von ihrer Aller einstiger Wirksamkeit denselben Seegen, welchen jetzt schon die einiger Kindergärtnerinnen bringt. —

Jetzt trat nun die Festzeit und mit dieser für mich eine kleine Freizeit von den Tagen vor Weihnachten bis zu denen nach dem Neujahr ein. Aber auch diese sollte für mich nicht ohne unmittelbare Thätigkeit für die weitere Anerkenntniss und Verbreitung des Gegenstandes vorübergehen. Desshalb folgte ich einer Einladung zu einer Familie aufs Land, zu der Familie des Salinen-Inspektors *Glenk* nach Heinrichshall, in welcher schon seit einem Jahre die Spiele und Spielweisen durch den sehr wackern Hauslehrer, den Herrn Kandidat *Härter*, heimisch waren. Es wurde dort Mehreres zur Förderung der Spiele in jener Gegend besprochen, wie denn Herr *Härter* sehr zur Fortbildung der Sache lebt.

Doch galt die Reise ganz besonders Altenburg und dort namentlich dem Schulkollaborator *Lützelberger*, welcher selbst glücklicher Gatte und Vater einer zarten Kinderdrei, ein Pfleger dieser Kinderführungsweise ist und desshalb unsere persönliche Zusammenkunft wünschte. Und so waren denn auch wirklich die wenigen Tage unseres Zusammenseins die Grundlage einer weiteren, tief begründeten Fortentwickelung und Verallgemeinerung der Sache der Kindheit. Bestimmte Pläne waren es, welche er in dieser Hinsicht verfolgte.

Im Beginne dieser Festzeit zog auch abermals eine Jungfrau von uns fort, welche als Gärtnerin an dem neugegründeten Kindergarten zu Lünen in der Grafschaft Mark, preussische Provinz Westphalen einen Wirkungskreis erhalten sollte. Dieser Kindergarten sollte Anfangs des neuen Jahres eröffnet werden und wurde es wirklich am 12. Januar, also, als gutes Zeichen, an Pestalozzi's Geburtstage. Ich habe mir erlaubt, in Auszügen aus Briefen, welche theils sie selbst, theils eine Mutter von drei Kindern, die den Kindergarten besuchen, über diesen und die Wirksamkeit des Fräulein *Marie Christ*, so heisst die Führerin, geschrieben hat, hier beizulegen, damit Sie ein klares und lebendiges Bild von ihrer Thätigkeit erhalten mögen (Beilage B). *Marie Christ* ist eine Schülerin aus dem vorigen Kursus und lebte zur Aneignung von Ausführungsfertigkeit einige Zeit als freithätige Gehülfin am Kindergarten zu Gotha. Auch einen Auszug aus den Statuten, wie den Vertrag lege ich bei (Beilage C.).

Das Jahr 1847 hat sonach für die Verbreitung der Kindergärten günstig begonnen: möge in dieser Art dessen Fortgang und Ende sein.

- Hierzu giebt nun besonders das benachbarte Meiningi'sche Land und vorzüglich das Hildburghausische bestimmte Hoffnung. Der Doktor und Oberkonsistorialrath *Nonne,* der Herausgeber der Dorfzeitung, wie der Schulrath und Landesschulinspektor Dr. *Peter* sind der Sache sehr zugethan. Ersterer hat einem jungen, so einsichtsvollen, als strebsamen Schulmann, welcher jüngst die hiesige Bildungsanstalt für Kinderpflege prüfend besuchte, aufgegeben, desshalb einen Reisebericht an das Herzogliche Konsistorium einzusenden. Der zweite hat ausgesprochen, dass in drei Meiningischen oder vielmehr Hildburghäusischen Städtchen — Sonneberg, Heldburg, Römhild, — Kindergärten ausgeführt werden sollten. Der junge Schullehrer wird die Sache sowohl bei einzelnen Ephorie-Schullehrer-Konferenzen, wie bei der allgemeinen Schullehrer-Konferenz des Landes zur Sprache bringen. Aber auch in Hildburghausen selbst hat die Sache guten Fortgang. So schreibt mir der Stadtdiakon *Wölfing*, einer aus dem Vorstande bei dem dasigen Frauenvereine: „Auch unter uns wird in Ihrem Sinne und nach Ihrem Vorbilde fortgewirkt, und unsere Anstalt gedeiht mit jedem Jahre mehr (siehe Dorfzeitung). Unsere Führerin, *Amalie Henne**), giebt sich viele Mühe und hat auch in diesem Jahre wieder gute Früchte ihres Fleisses eingeerndtet. Ich hoffe, dass bei Gelegenheit des Regierungsjubiläums unseres Herzogs einige neue Kindergärten in unserem Lande entstehen werden."**)

Auch in öffentlichen Blättern, ausser den schon genannten, und in kleinen Schriften, auch in einem grösseren Werkchen ist der Gegenstand wieder mehrfach behandelt worden. So z. B. in der Sächsischen Schulzeitung Nr. 27, Juli 1846 wurde der Bestrebungen gelegentlich in dem Aufsatze: „II. Ueber Reform des Schulwesens" S. 315, 317, 318 u. 319 gedacht. Weiter hat ein gewisser *Leidesdorf* in Berlin, welcher 1845 einige Wochen hier lebte und sich sehr ernstlich und prüfend mit den Grundsätzen, den Mitteln und Wegen meiner Kinderführungsweise bekannt machte, jüngst ein Schriftchen unter dem Titel: „Betrachtungen und Vorschläge zur Förderung der sittlichen Erziehung und Tugend, so wie der sozialen Verhältnisse" geschrieben. In der zweiten Abtheilung des Schriftchens „Vorschläge" u. s. w. kommt der Verfasser nun besonders

---

*) „Eine frühere Schülerin von mir": Anmerkung von *Fr. Fröbel*.
**) „Doch einmal ein allgemeiner Gedanke wenigstens": Anm. von *Fr. Fröbel*.

auf meine Ansicht von der Erziehung überhaupt, wie von der früheren insbesondere zu sprechen. S. 62—65 unter der Ueberschrift: „4. Beschäftigung der Kinder". S. 65—74: „A. *Fröbel's* Grundideen der Erziehung". Wie der Verfasser selbst sagt: theils aus meinen Schriften, theils aus mündlichen und theils aus brieflichen Mittheilungen zusammengestellt. S. 74—84: „B. Eine kurze Darstellung der *Fröbel'*schen Klein-Kinderspiele". Hier sucht der Verfasser Dr. *Curtmann's* theils hämische, theils irrige Behauptungen über meine Bestrebungen zu berichtigen. Wichtiger jedoch als Alles diess, ist mir die Einführung der Kindergärten in das Volk, in den Kern desselben durch unsern *Berthold Auerbach* in dessen diesjährigem Gevattersmann. Ich gestehe offen, ich war recht freudig überrascht, ganz unerwartet unter der Ueberschrift: „Deutscher Briefsteller" und unter den Mittheilungen über die Fortschritte in Dorf und Gemeinde S. 76—77 des Volksbuches, 3te Auflage auch die Kindergärten als einen solchen Fortschritt vorgeführt zu sehen. Zu wahrhaft warmem, herzlichen Dank fühle ich mich dadurch gegen den Verfasser verpflichtet; ob man gleich nie die Förderung einer Idee persönlich nehmen sollte. Allein sie wird ja doch eigentlich nur durch Personen, wie getragen und gefördert, so ausgeführt und gestaltet. Ob ich nun gleich nicht zweifle, dass Sie die Stelle, in welcher auf eine so einfache, als warme Weise die Kindergärten in das Volk eingeführt und in ihrer „unsäglichen Wohlthätigkeit" hingestellt sind, schon im Volksbuche selbst gelesen haben, so lege ich selbige um der Vollständigkeit willen hier doch in einem Abdruck bei, welcher in dem Thüringer Vaterlandsfreunde erschienen ist (Beilage D).

Anderer kleineren Erwähnungen des Gegenstandes in dem Allgemeinen Anzeiger der Deutschen, der Dorfzeitung, der Didaskalia und der Darmstädtischen *Zimmermann'*schen Schulzeitung, ich glaube in der Nummer vom 26. Sept. vorigen Jahres, gar nicht zu erwähnen. Doch war diese letztere besonders einfach und, irre ich nicht, sich blos auf Thatsachen stützend.

In der sächsischen Schulzeitung soll auch ein entgegnender Aufsatz von einem gewissen *Loof* erschienen sein, mir ist er aber nicht zu Gesicht gekommen. Ebenso sollte nach *Gräf's* in Cassel mündlicher Aeusserung in seiner pädagogischen Zeitung im verflossenen Jahre auch wieder ein entgegnender Aufsatz erscheinen; ob es aber geschehen ist, weiss ich nicht. Da nur die Wirkungen der Sache selbst als unläugbare, feststehende Thatsachen für dieselbe sprechen können, so lasse ich mich besonders mit so schiefsehenden Menschen, wie *Curtmann* und *Gräf* gar nicht in Wortstreit ein; die Wahrheit in ihrer thatsächlichen Wirksamkeit wird siegen und ihr Sieg wird Heil, Seegen und alles Gute dem Volke bringen. Auch ein Herr *Johannes Ramsauer* („Buch der Mütter", Elberfeld und Meurs, Verlag der Rheinischen Schulbuchhandlung 1846, 304 S., auch unter dem Titel: „Die Liebe in Unterricht und Erziehung" u. s. w., mit 27 Tafeln in Steindruck) erscheint unter den Gegnern; S. 19 sagt er als Entgegnung gegen mein Streben: „Da veränderungsfähige Spielsachen besser sind, als die nur einer einzigen Gestaltung fähigen, so werden die Spiele, welche der Pädagog *Fröbel* empfiehlt und die er an mehreren deutschen Höfen vorzeigt und mit Kindern damit gespielt hat, nie recht in der Kinderwelt heimisch werden und den Nutzen und die Unterhaltung gewähren, die *Fröbel* sich davon verspricht, so sinn- und lehrreich diese auch an und für sich sind."

Was sagen Sie zu einer solchen Wendung und dem darin liegenden Widerspruch? Spricht das wahrhaft Sinnreiche nicht die Kinder an? Fühlen sie sich nicht dadurch wie mit magnetischer Kraft angezogen? Beweisen meine Spiele diess nicht bei all denen Kindern, welche nur diess Sinnreiche derselben empfunden haben? Ja, beweisen sie es nicht bei allen Kindern fast augenblicklich, weil eben die Kinder Sinn, reichen Sinn für das Sinnreiche haben? Und dann: wo giebt es veränderungsfähigere und der Phantasie (der Innenbildungskraft und Fähigkeit, aus dem Innern herauszubilden) des Kindes mehr Freithätigkeit, eigentlich wahren Spielraum gebende Spiele, als eben die meinen? Selbst den so einförmig erscheinenden Würfel nicht ausgenommen, welcher in der Hand des Kindes ruhend oder beweglich, an der Schnur oder an dem Stäbchen, ein wahres Kaleidoskop wird. Bald ist er ein Altar, bald ein Ambos, eine Kiste verschlossen, ein Waarenballen, ein viereckiger Kübel für einen Orangenbaum, bald ein Haus, dann wieder ein Wagen, ein Schlitten, eine Egge, ein Pflug, erscheint gedreht als Körbchen, Mühlrad, Walze u. s. w., ein Grenzstein, ein Grundstein, eine Schaukel, ein Hackklotz und noch 20 andere Sachen mehr, alle aus der Phantasie des Kindes hervorgegangen, es unterhaltend, mit Freude erfüllend, wie gelegentlich, gleichsam zufällig, belehrend. Der vielen Hunderte von Darstellungen mit der 3ten und 4ten Gabe und des Phantasiereichthums derselben gar nicht zu gedenken. Bauernkinder, in die Schule und noch nicht in die Schule gehend, kommen zu allen Tageszeiten zu mir und bitten sich Würfelkästchen aus, um damit auf Stühlen meines Zimmers (stehend) damit zu spielen, ob sie gleich herum laufen konnten, wie sie wollten oder zu Hause unthätig sich in die Ecke oder an den Ofen setzen könnten. In dem Pfarrdorfe Eichfeld, wohin ich doch, wie gesagt, alle Wochen einige Male gehe, um mit den Kindern mit Würfeln, Klötzchen oder sonst einfach zu spielen, hat der Schullehrer bemerkt, dass an diesen Tagen, ob sie nun gleich eine Stunde länger und mehr in der Schule bleiben müssen, auch nun an einer geregelten Thätigkeit festhalten müssen, dass da gerade die Kinder am wenigsten die Schule versäumen u. s. w. Siehe da die *Fröbel*'schen Kinderspiele recht im Leben und Bedürfniss der Kinder heimisch!

Doch hören wir Herrn *Ramsauer* weiter: „Diese Spiele sind nämlich Kugel, Würfel, Ringe". Warum bricht der Verfasser die Reihe der Spielmittel gerade da ab, wo sie am reichsten, ich will aber keineswegs hervorheben, anziehender werden? „Unter diesen aber kann sich das Kind nicht leicht etwas Anderes denken, als was sie wirklich sind und kann sie auch nicht sehr verschieden zusammensetzen. — Beim Spielen nicht absichtlich belehren und das Lernen nicht spielend treiben, muss stets ein Hauptgrundsatz bleiben. — Ganz unpädagogisch und eine Sünde, die man an der Jugend begeht, ist es, wenn man kleine, noch nicht schulfähige Kinder, so, wie *Fröbel* es will, bei diesen Spielen förmlich unterrichten will: da hört alles Natürliche und Freie auf." Wo will denn diess aber *Fröbel?* Er will nur, dass das Kind wahrhaft gemüth- und sinnvoll, also nicht stumpf- und dumpfsinnig oder gar gedankenlos spielen soll: es soll menschlich fühlen und wissen, dass und was es spielt. Haben Sie nun Gelegenheit, so bitte ich Sie mit diesen Vorwürfen, welche der Verfasser mir macht und gleichsam in die Tasche schiebt, das zu vergleichen, was und wie er es in seinem Buche giebt (Beilage E.).

Auch in der Schweiz wird noch die Sache der Kindergärten wacker vertreten. Der diesem Gegenstande ganz gewidmeten, kleinen Schrift: „Christliche Kindergärten" vom deutschen Pfarrer des Münsterthales im Kanton Bern, *Rudolf Stooss*, Bern 1845 bei *Chr. Fischer* habe ich gewiss schon in meinen jüngeren Mittheilungen an Sie erwähnt.*) Derselbe hat nun im November verflossenen Jahres in Nr. 48 u. 49 der Berner Schulzeitung vom 27. November u. 4. Dezember wieder einen Aufsatz ür die Sache abdrucken lassen, wie er denn dafür zu wirken sucht, wie und wo er nur kann. Er hat desshalb

---

*) S. Brief Nr. V.

selbst ganz erfassende Vorschläge unmittelbar an den Erziehungsrath gethan: ob er zu einem Ziele kommen wird, muss die Zukunft zeigen. Genug, es wird in der Sache und für dieselbe gewirkt. Zwei Briefe vom Herrn Pfarrer *Stooss* liegen vor mir, welche mir seine stetige Wirksamkeit für die Sache beweisen: der erste vom 13. September, der zweite vom 6. Dez. vorigen Jahres.

Dass ausser in der Schweiz auch in Ungarn, und namentlich in Pesth durch den Direktor Dr. *Teichengräber* die Sache ihre warmen Vertreter hat, habe ich Ihnen wohl schon in meinem jüngsten Briefe gemeldet.*)

Auch aus Triest fordert eine Buchhandlung sämmtliche Spiele mit dem Beisatze, dass sie mit grosser Zuversicht in Zukunft auf einen grösseren Absatz der Spielmittel rechne, u. s. w. So haben sich auch bei der Durchreise des Herrn *Lohse* durch Heidelberg besonders zwei Stud. theol. aus Triest, welche er zufällig, ich weiss nicht wo, getroffen, und, ich weiss nicht wie, auf diesen Gesprächsgegenstand gebracht hat, gar sehr und warm für die Sache geäussert, und einer von Beiden hat sogar den Entschluss ausgesprochen, Keilhau — um sich genauer von der Sache zu unterrichten — im Laufe dieses Sommers zu besuchen.

Ehe ich diese Mittheilungen aus Nahe und Fern schliesse, muss ich doch noch eines Briefes und einer Mittheilung über die Fortwirkung eines im Februar 1845 ergangenen Aufrufes zur Bildung von Erziehungsvereinen (vergl. Beilage F.), welcher Ihnen vielleicht noch erinnerlich ist**), gedenken, deren ich mich in Dresden erfreue. Ein ohnlängst aus Dresden hier eingegangener Brief sagt wörtlich darüber Folgendes: „Wir haben jetzt endlich hier auch einen Erziehungsverein bleibend in's Leben gerufen.

---

*) Hierüber enthält keiner der früheren, noch vorhandenen Briefe eine Andeutung.
**) S. oben die Briefe Nr. III u. IV.

Fröbel wird Dir*) erzählt haben, dass er schon bei seinem Hiersein in der letzten Osterzeit sich sehr dafür bemühete. Ich habe auch nach seiner Abreise diese Bemühung fortgesetzt, habe die damals gewonnenen Mitglieder regelmässig zu mir eingeladen und wir haben uns über das Nöthige besprochen, und namentlich ein Grundgesetz, welches ich vorher entworfen hatte. Dann kam aber der Sommer dazwischen und so wurde die Versammlung bis zum Winter ausgesetzt. Kurz, die Sache ruhete. Jetzt im November lese ich in dem hiesigen Anzeiger eine Einladung zu einer Gesellschaft, um die Idee eines „Erziehungsvereins" zu besprechen. Dort hielt ein Dr. *Munde* einen Vortrag, worin er einen Plan zu einem Erziehungsvereine mittheilte. Da derselbe sehr vernünftig war, so schlossen sich alsbald 38 Mitglieder zu einem solchen Vereine zusammen. Dazu sind seit jener Zeit mehrere Frauen und noch Andere gekommen, so dass der Verein jetzt 50 Glieder zählt. Die Gesellschaft hat ihre Gesetze berathen und angenommen, wie sie *Munde* entworfen hatte, und sich einen Vorstand und Vereinsrath gewählt. Wir haben uns darüber geeinigt, dass *Munde* zuerst von den Mängeln und Fehlern unserer Erziehung spricht, und dann Andere, wie es besser zu machen sei. Als diess geschah, wurde nun auch das Bedürfniss ausgesprochen, die Kinder auch ausser der Schulzeit zweckmässig zu beschäftigen. Ich habe den Garten unseres „Kindergarten's" dazu angeboten, welches Anerbieten dankbar angenommen wurde. Mit dem Eintritte des Frühlings nun werden die Kinder, unter mehrerer Eltern Aufsicht, in unserem Lokale spielen und sich beschäftigen. Ich freue mich über diese Erweiterung des Kindergarten's. In der Sächsischen Schulzeitung war schon eine anerkennende Mittheilung über den Verein, und eine Aufforderung, auch an anderen Orten für Ausführung von

---

*) Der Brief wird an *Middendorff* gerichtet gewesen sein.

Erziehungsvereinen zu wirken" u. s. w. So weit der Brief. Sie sehen aus dieser Mittheilung, theurer Freund, welche Zeit es kostet, ehe eine, selbst bei ihrem ersten Aussprechen als wahr und in ihrer Ausführung als seegensreich erkannte Idee und ein solcher Gedanke, selbst in einem Wohnorte der Intelligenz, in Anwendung und in's Leben tritt, die Idee allgemeiner deutscher Erziehungsvereine, wozu ich den ersten Aufruf zuerst in der Didaskalia, ich glaube in Nr. 45 (oder 54) im Februar 1845 abdrucken liess, welcher dann auch noch in mehreren andern Blättern, z. B. dem Allgemeinen Anzeiger der Deutschen u. s. w. erschien. Die Idee, der Gedanke dieses Vereines in ächt deutschem Sinne und Streben wurde 1844 während meiner Reise und während meines Aufenthaltes an den drei deutschen Flüssen Neckar, Main und Rhein geboren. Ich erkannte dort die unerlässliche Nothwendigkeit solcher Einrichtungen, sah, dass ohne solche Vereine, ohne das vielseitige Inslebentreten derselben schlechterdings nichts Erspriessliches, Durchgreifendes und Genügendes für deutsche, ächt deutsche Erziehung zu thun sei, und bis zu diesem Augenblick bewährt sich diess, bewährt sich in solch' einer intelligenten Stadt, wie Dresden. Und auf welch' eine wirklich niedrige Weise hat *Gräf* in seiner pädagogischen Zeitung meinen Gedanken und Aufruf zur Bildung von Erziehungsvereinen behandelt! Dennoch bis auf die Dörfchen unseres Pfarrspiels hat sich das Wohlthätige dieser Erziehungsvereine bestätigt; ohne einen solchen in unserer Pfarrgemeinde hätte ich keinen schönen Spielplatz nächst unserer Schule im Pfarr- oder Mutterdorfe, hätte bei derselben keine kleine Turnanstalt, hätte keine Spiel- und Beschäftigungsstunden selbst mit den Kindern der Schule nach zweimaliger Beendigung der Schulen Mittwochs und Sonnabends, — hätte, was mir das Wichtigste von Allem ist, keinen Garten mit nahe hundert Beetchen für jedes meiner Schulkinder! O! diesen ächten

Garten der Kinder, von Kindern besäet, bepflanzt, gepflegt, diesen hätten Sie noch im Herbste in seiner Schönheit sehen sollen! (S. Allgem. Anzeiger der Deutschen, Nr. 176, 1846, Beilage G). Und welche pflegende und verschönernde Thätigkeit während des Sommers, welch' einträchtiges, friedliches Zusammenwirken! Sehen Sie da, hochgeschätzter Freund, die Wirkung eines Erziehungsvereins! O! Sie müssen durch Ihre so viel, wie gern gelesenen und darum gewiss in's Leben vielseitig eingreifenden Schriften für deren möglichste Verbreitung und Erfolg, letzteren ganz besonders durch ordentliche Theilnahme der Frauen und der Mütter an denselben wirken! Bedenken Sie nur, zu Ihrer Aufmunterung, wieviel Ihr doppelt abgedruckter Aufsatz „über nationale Erziehung" für die Verbreitung der Idee entwickelnder Bethätigung und so Erziehung der Kinder gewirkt hat! Wie oft ist dieser Ihr Aufsatz benutzt und ausgeschrieben worden, so z. B. auch im Leipziger Repertorium. Sie müssen recht bald in einer Fortsetzung dieses Aufsatzes durch eine eingreifende Darlegung des Wesens und der Wirkung allgemein deutscher Erziehungsvereine den Grund und Boden für Ausführung ächt nationaler, durch entsprechende Bethätigung entwickelnder Erziehung legen!

In dem Vorstehenden habe ich mich bemüht, Ihnen den Stand der äusseren Entwickelung, Ausbildung und Ausführung des Gedankens, so weit mir solche selbst bekannt geworden ist, wenigstens im Wesentlichen darzulegen. Eben aber sehe ich, dass ich Süddeutschland noch gar nicht erwähnt habe. Hier hätte ich nun ganz vor Allem Darmstadt namentlich hervorheben sollen, wo als Privatanwendung die Idee und der Gedanke entwickelnder Erziehung durch entsprechende, frühe Kinderbethätigung immer tiefere Wurzel fasst. So ganz neuerlich wieder durch die jüngst ausgeführte Kinderpflegeanstalt eines gewissen *F. Schwalbach*. Doch diess ist Ihnen ja näher, als mir, und vielleicht hat Ihnen Herr *von Leonhardi* darüber Mittheilungen gemacht. So hat auch die Anstalt der Madame *Bruère*, wo *Henriette Ackermann*, auch eine Schülerin von mir, Gehülfin ist, guten Fortgang. Nicht nur Madame *Bruère* ist mit den Leistungen der *Henriette Ackermann* sehr zufrieden, sondern sie wirkt auch wieder lehrend und mittheilend nach Aussen; so unterrichtet sich z. B. die Erzieherin des Herrn *Schwalbach* bei derselben in entsprechender Kinderbethätigung. Die Wirksamkeit der früher schon so oft erwähnten*) *Ida Seele*, Kinderführerin an der Kleinkinderschule daselbst, ist nach dem sprechend Vorliegenden ausgezeichnet. Und dennoch, dennoch keine allgemeine Anwendung der Sache bei der öffentlichen Erziehung**)! Alles diess ist nur vereinzelt stehende Privatsache! Die Menschen scheinen gar keinen in sich einigen Gedanken, gar keine in sich selbst ruhende Idee erfassen und sie in ihrer Mannichfaltigkeit entfalten zu können. Wie nothwendig wäre da ein Erziehungsverein und wie wirksam könnte er da sein, wenn er die Idee nationaler Erziehung erfasste und durchführte! Die Kindergärten in Frankfurt a/M. und Homburg auf der Höhe haben auch ihren bekannten Fortgang.

Doch nun endlich nach dieser abermaligen Ablenkung, von der Darlegung der Idee und der Ausführung des Gedankens im Aeusseren zu dem Nachweiss der inneren Fortbildung der Idee, der inneren Ausbildung des Gedankens selbst.

Wie so gar sehr wünschte ich, dass ich Ihnen davon wieder einmal persönlich und mündlich eine Darlegung geben könnte! Täglich entwickelt sich das Ganze steigend in immer grösserer Einfachheit, Einigkeit und Stetigkeit, in immer grösserer wirklicher Allumfassendheit und

---

*) Die oben mitgetheilten Briefe führen sie nicht an.
**) Tempora mutantur! Und heute?

Allgenugsamkeit, ja, ich darf diess ohne die mindeste Ueberhebung aussprechen, täglich zeigt sich immer unbeschränktere, allgemeine Anwendbarkeit für jedes Lebensverhältniss, jede Bildungsstufe und jedes Bedürfniss. Der Bildungsstoff wird immer, dem Geldbetrage nach, ein geringerer, während er in Hinsicht seiner entwickelnd erziehenden Wirksamkeit und Bedeutung ein gleich geistiger bleibt, ja, ich möchte sagen, in dem Maasse noch mehr wird, als der pekuniäre Werth des Spielmaterials geringer wird. Fast werthloses Papier und wenig kostende Holzstäbchen können, wie Strohhalme, die ersten und gründlichst entwickelnd — erziehenden Bildungsmittel werden, durch Alles, was Geist und Gemüth leicht an ihnen und durch sie darstellen, wie Geist und Gemüth das so Dargestellte erfassen und in dem Aeussern das Innere, in dem Besondern das Allgemeine, in dem Vergänglichen das ewig Bleibende, in dem Scheinbar augenblicklich wieder Vernichteten doch das unvergänglich Lebende anschauen, ja sich aneignen kann. Ueberdiess, und diess ist als Waffe gegen Armuth von unberechenbarer Wichtigkeit, lernt man dem geringsten Stoff den höchsten geistigen Werth zu geben, nicht durch äussere Politur und Glanz, also nicht durch Schein, sondern durch innere Bedeutung und das Sein! Diess setzt den schaffenden menschlichen Geist wieder in seine Rechte ein und macht ihn fähig, allseitig das leibliche Bestehen menschlich zu sichern, menschlich so zu sichern, dass er auch seines Wesens froh werden kann.

Was helfen mir aber alle die Worte hier auf Weiss mit Schwarz, welche doch nur bedeutungslos als vereinzelte Wörter dastehen, indem ich ihnen nicht zugleich die lebenvolle Sachanschauung, die ihr Wurzelboden sind, hinzufügen, bei- und mitgeben kann?

Ja, hochgeschätzter Freund, ich habe den Gedanken, in welchem die Idee entwickelnd-erziehender Kinderbethätigung ruht, jetzt durch alle Stufen in allen Richtungen der menschlichen Thätigkeit und Bestrebungen, eigentlich des menschlichen Strebens, durchgeführt und es ist keine Richtung, welche nicht dadurch ihre Bedeutung, kein Streben, welches nicht dadurch seine Lösung, nichts Vereinzeltstehendes, was nicht dadurch seine richtige Stelle im Ganzen, seine Wurzel erhielte, darin erkannt und anerkannt würde. Es ist diess Alles ja auch so ganz natürlich und nothwendig; in der ersten und richtigen Erfassung und Bethätigung und so stetig entwickelnden Erziehung des Kindes als Gottes-, Menschen- und Naturkindes bis zum mannhaften Alter jedes Geschlechts lösen sich alle religiösen, politischen, industriellen, überhaupt sozialen Wirren und müssen sich lösen. Sie, theurer Freund, müssen als Geschichts- und Lebensforscher diess erkennen und einsehen, und Sie sehen es ein, sonst hätten Sie nicht die Abhandlung über nationale Erziehung mit Rücksicht auf meine erziehenden Bestrebungen schreiben können. Helfen Sie mir, oder, wenn Sie lieber wollen, der Idee nun auch durch Ihre klare und einfache, darum auch so überzeugende Sprache, diess Alles auch den Menschen einsichtig machen, damit es nun endlich dahin komme, dass unter den Augen stets prüfend beachtender und dazu durch ihre Ein- und Umsicht, wie ihre praktische Lebenserfahrung berechtigter Männer und Menschen ein ächter deutscher Kindergarten in möglichster Vollkommenheit ausgeführt werde. Nur einen einzigen solchen Kindergarten wünsche ich in Deutschland, nur einen einzigen! Dutzende von $1/4$, $1/2$, $1/3$, $2/3$ und $3/4$ Kindergärten können mir nichts helfen, sie bilden alle zusammen doch nicht einen in sich einigen, ganzen. Bei diesem Gedanken kann ich meinen Blick und meine Hoffnung nie von Heidelberg wegwenden; wie ein Magnet zieht es meine Hoffnung an. Ich finde dort und muss dort für möglichst vollendete Ausführung der Idee Alles finden; eine entsprechende Natur, wie entsprechende Menschen, entsprechende Verhältnisse, wie entsprechende Forderungen und Bedürfnisse. Prüfen Sie noch einmal die gesammten Umstände Heidelberg's, treten Sie doch mit den vielen, dem Fortschritte ergebenen, wissens- und lebensreichen Männern Ihrer Nähe prüfend und berathend zusammen, ob nicht mit nächstem Frühling endlich auch ein Kindergarten in Heidelberg ausgeführt werden könne! Sechs Jungfrauen, darunter für diesen Beruf vorgebildete und lebenserfahrene, theilen den jetzigen Bildungskursus; sollte sich darunter nicht eine finden, welche den Heidelberger Verhältnissen entsprechend wäre? Könnte diess nicht durch einen Verein und Unterschriften ermöglicht werden, wie diess in Annaburg und in Lünen möglich wurde? Ich bitte Sie selbst, bei Ihren eigenen lieben Kleinen und um derselben willen: bieten Sie Alles auf, um die Ausführung eines Kindergartens in Heidelberg möglich zu machen. Sollte denn nächst Ihrem Worte und Urtheile das von *Berthold Auerbach* nichts vermögen? Hat er nicht auch demselben vertrauende Freunde in Heidelberg? Es sind doch jetzt **sieben wirkliche Kindergärten** der verschiedensten Leistungen und Früchte zu Frankfurt a/M., Homburg a. d. H., Gotha, Annaburg, Quetz, Lünen, Dresden, welche für die Sache sprechen. Das, was hier und in nächster Nähe unter meiner unmittelbaren Leitung und in anderen Anstalten, welche starr an den alten beengenden Namen hangen geblieben sind, wie zu Darmstadt, Hildburghausen, Koburg, Saalfeld, Niederingelheim, Gaisberg geschieht, gar nicht mitgerechnet. Sollte diess in Beziehung auf Heidelberg nicht dahin wirken, die unbestimmte Ansicht des Dagegen zu einer ganz bestimmten des Dafür umzuwandeln? Ich würde Alles anwenden, um dort das Tüchtigste auszuführen, und ich glaube auch, dass ich jetzt im Stande wäre, Ihnen eine entsprechende Kindergärtnerin zuzuweisen, und dann —, so wären Sie ja auch gar nicht gebunden. Denn es finden sich jetzt von Jahr zu Jahr immer mehr vorgebildete Jungfrauen, welche sich diesem Berufe widmen; also mit steigender Ausbildung der Anstalt liesse sich auch hoffen, eine immer mehr ausgebildete Gärtnerin für den Garten zu finden. Doch sie selbst würde sich innerhalb ihres Berufs und durch denselben immer mehr so ausbilden, dass man keinen Wechsel wünschen würde. Aber auch für den nächsten Anfang glaube ich Ihnen eine recht wackere Führerin unter meinen jetzigen Schülerinnen vorschlagen zu können, doch dürfte sich eine, wenn auch nur zuerst vorläufige, Nachricht nicht zu weit hinausschieben, weil es verhältnissmässig mehr Orte sind, welche zu nächstem Sommer oder vielmehr Frühjahr Führerinnen ihrer Kindergärten bedürfen, als ich jetzt Schülerinnen habe.

Sie sind, hochgeschätzter Freund, wie öffentliche Blätter sagen, Mitarbeiter, vielleicht selbst Mitbegründer der „deutschen Zeitung", welche von mehreren namhaften Männern Heidelbergs in diesem Jahre herausgegeben werden soll, an deren Spitze *Gervinus* steht. Ich kann Ihnen gar nicht aussprechen, wie hoch mich die Nachricht von Ihrer Theilnahme an dieser Zeitung erfreut hat; ich wurde ordentlich durch und durch warm, als ich es las. Aber sogleich stand auch eine Bitte an Sie fest in meiner Seele: lassen Sie, theurer, lieber Freund, die nationale Erziehung der Deutschen auf den Grundlagen Ihrer Abhandlung in den „konstitutionellen Jahrbüchern" und den „Zeitfragen" einen stehenden Artikel dieses Blattes sein und bleiben! Wahrlich, ohne das feste Fundament einer deutschen Volks- und Nationalerziehung auf den Grundlagen, welche in dem Wesen und der Forderung der Sache selbst liegen, kommen wir nicht aus dem Netze der religiösen, politischen und sozialen Wirren heraus, welches uns umgarnt hält. Vor einem Vierteljahrhundert sprach ich es in einem Schriftchen aus: „Durchgreifende Erziehung ist das Grund- und Quellbedürfniss unseres Volkes." Ein Bedürfniss, von dessen Befriedigung auch die übrigen Bedürfnisse ihre Lösung erhalten, und, wenn wir dieser ersten aller Forderungen nicht nachgehen und zwar jetzt nicht nachgehen, so werden wir nach einem neuen Vierteljahrhundert noch ebenso sprechen und fordern müssen. Denn das Volk, die Masse, man sage, was man will, muss erst der künftigen bessern Zeit, der Herbeiführung einer bessern Zeit entgegen erzogen werden. Der intelligenten und besonders der charaktervollen Menschen sind noch zu wenige; was hilft es, dass wir uns eines Andern schmeicheln?! Die, welche heute noch im Polröckchen im deutschen Kindergarten spielen, sind in einem Vierteljahrhundert Männer oder Frauen, Jünglinge oder Jungfrauen, welche deutsche Gedanken in ihrem Geiste bearbeiten, deutsche Gesinnung in ihrem Busen tragen und für deutsches Handeln die Arme erheben und die Füsse gebrauchen. Und wie schnell sind 25 Jahre vergangen! Wer erfährt das nicht? Hätten mich Deutsche als Deutsche vor 25 Jahren, wie ich hoffte, und hoffen zu dürfen glaubte, verstanden, manches Hundert, ja durch die Zweiganstalten in den verschiedenen Gauen Deutschlands, manches Tausend mannhafter deutscher Jünglinge, Männer, Jungfrauen und Frauen sollte Deutschland jetzt mehr haben! Also nochmals, lassen Sie nationale Erziehung, lassen Sie das ächt deutschsinnige und deutschkräftige Institut der Kindergärten, wie es ein deutscher Mann im Allgemeinen Anzeiger der Deutschen, 1846, Nr. 172 nennt (Beilage H), einen stehenden Artikel in Ihrer ächt deutschen Zeitung sein! Komme ich einst wieder nach Heidelberg, so suchen Sie einen Kreis stimmfähiger und stimmberechtigter Menschen: Männer und Frauen zu vereinen, welchen ich das Ganze zur Prüfung und zur Entscheidung vorzulegen habe, zu der Prüfung und Entscheidung, ob denn auch wirklich diese Kinderführungsweise so erfassend und so allseitig zum Ziele leitend sei, als ich solche hinstelle. Lassen Sie dann einen Kindergarten hinzukommen, welcher das Wort an der Ausübung und an dem Erfolge prüfe; lassen Sie dann den Ergebnissen dieser Prüfung durch ein politisches Blatt wieder Worte geben, damit das pädagogische Ergebniss in seiner politischen Wichtigkeit erkannt werde! Welch' ein Fundament, welch' eine Einheit soll dann die deutsche Erziehung bekommen! Die Stückelei und Bröckelei soll aufhören, auch die dadurch hervorgebrachten zerstückelten und zerbröckelten Menschen, auf die wir überall so in Masse stossen, sollen dadurch beseitigt werden, wir sollen wieder charaktervolle, Ganz- und Vollmenschen im einigen Denken, Fühlen und Handeln bekommen! Und welcher weitere Seegen für die Hunderte und Tausende von Jünglingen, welche die Hochschule besuchen, die Allumfassende,*) wenn diese nun auch die erste Pflege der Kindheit in sich schliesst und aufzeigt, und wenn wirklich jeder Studirende während jedes Semesters nur einmal den Kindergarten besucht, aber ein Ganzbild deutscher Kindheit und Kindererziehung mit nach Hause nimmt! Welcher Seegen! Darum in Heidelberg ein „Kindergarten"!

Doch, wie ich höre, wird auch leider Ihre Zeitung noch nicht so bald in's Leben treten. Wie wäre es, wenn Sie sich da für den Zweck der Ihrigen vorläufig durch eine andere Zeitung den Weg bahnten? Ich meine, einstweilen in einer andern Zeitung, z. B. in der Bremer, welche ich mehrseitig dazu für zweckmässig halte, einen Aufsatz über die Wichtigkeit der Kindergärten veröffentlichen, sei es auch wirklich nur als Hebung des häuslichen und Familienlebens? Ueberlegen Sie es!

Herr *von Leonhardi* hat seit undenklicher Zeit nichts von sich bei uns hören lassen, und so habe ich weder gehört, dass er in irgend ein öffentliches Blatt etwas über die Kindergärten oder über die Spiele hat einrücken lassen, was Ihre Güte mir von Herrn *von Leonhardi* als dessen Entschluss schrieb. Ebenso habe ich zweitens noch nicht

---

*) Als universitas litterarum.

das Mindeste von dem Material zurückerhalten, welches Sie ihm, wie Sie mir auch gütigst meldeten, zur Absendung an mich übergeben haben. Drittens aber auch das Buch nicht, nämlich die „Zeitfragen", zugesendet erhalten, welches Ihre Güte mir zugedacht hat. Ob ich es nun gleich noch nicht erhalten habe, so sage ich Ihnen dafür doch den herzlichsten Dank. Die „Zeitfragen" habe ich mir selbst bald als Eigenthum durch den Buchhandel verschafft. So lieb es mir gewesen wäre, von Stuttgart die erbetenen Abdrücke zu bekommen, so ist doch nichts bei mir eingegangen. Beiliegendes Briefchen bitte ich an Herrn v. L. gütigst bald zu besorgen, um ihn zu vermögen, mir bald zu schreiben.

Ich bitte Sie wegen der Länge dieses Briefes um Nachsicht. Sie hat einen doppelten Grund, erstlich wollte ich Ihnen Alles gern als Thatsache mittheilen, damit Sie nur bei der Bearbeitung des Gegenstandes hinlängliche Belege haben. Zweitens erhielt aber auch der Brief dadurch Weitschweifigkeit, weil ich ihn grossen Theils niedergeschrieben habe, während meine Schülerinnen noch unter meiner Leitung sich beschäftigten oder, als ich nach Beendigung der Stunden abgespannt war. Grüssen Sie Ihre lieben Kinder und wer sich sonst meiner gütig erinnert. Lassen Sie gütigst recht bald, und sei es nur in zwei Worten, etwas von sich hören

Ihrem ergebenen Freunde
Friedrich Fröbel.

Beilage A.
Aus dem Adorfer Wochenblatt Nr. 37 vom 16. Sept. 1846. S. 162.

Fröbel im Voigtlande.

Herr Direktor *Fröbel* aus Keilhau befindet sich seit voriger Woche in unserer Mitte und ist bereits so freundlich gewesen, uns durch sinniges Spiel mit den Kindern selbst, wie durch geistvollen Vortrag eine tiefere Einsicht in das System der Erziehung zu verschaffen, welches die bewegende Idee seines Lebens ist. Wir sahen und fühlten, mit welcher Klarheit er dasselbe erfasst hat, wie in sich vollendet und abgeschlossen es vor seinem geistigen Auge steht; und wir erkannten das grosse Ziel, welches er durch harmonische Entwicklung der leiblichen und geistigen Kräfte des Menschen zu erreichen gedenkt. Es liegt nicht in unserer Absicht, gegenwärtig näher darauf einzugehen; allein unsere Leser auf *Fröbel's* Anwesenheit im Voigtlande aufmerksam zu machen, schien uns Pflicht, damit ihnen die Gelegenheit, das grossartige Streben dieses Mannes durch eigene Anschauung kennen zu lernen, nicht entgehe. Eine besondere Gelegenheit dazu wird am nächsten Sonntage über 8 Tage, den 27. dieses geboten sein, wo *Fröbel* im Schiesshaussaale für alle diejenigen, welche Interesse an der Kindererziehung nehmen, einen vollständigen, veranschaulichenden Vortrag halten wird (Anfang Punkt $^1/_2 4$ Uhr des Nachmittags).

Beilage B.

1) Abschrift eines Briefes der Vorsteherin und Führerin des neugegründeten Kindergartens zu Lünen in der Grafschaft Mark, preussische Provinz Westphalen, des Frl. *Marie Christ* an Herrn *Middendorff* in Keilhau, die Eröffnung und den bisherigen Fortgang des gedachten Kindergartens betreffend.

Lünen, den 27. Januar 1846.*)

Wie oft ich Sie schon hierher gewünscht habe, um die Freude, welche mir die lieben Kinder machen, mit mir zu theilen, kann ich Ihnen nicht sagen. Denn ich fühle mich jetzt noch viel froher, als in Gotha**), weil, was die

---

*) Offenbar verschrieben statt 1847.
**) „Wo sie nämlich in dem dasigen Kindergarten zu ihrer Uebung einige Zeit als freithätige Gehülfin war." Anmerkung von *Fr. Fröbel.*

Kinder hier können: Singen, Spielen, Aus- und Seitwärtsgehen, ich ihnen selbst gelehrt habe; auch kann mich die Anhänglichkeit, welche sie mir dafür beweisen, so hoch erfreuen.

Am 12ten Januar wurde der Kindergarten eröffnet, und fingen auch sogleich die Stunden an. Früh um $\frac{1}{2}$10 Uhr waren die Kinder mit ihren, besonders von dem Vorstande zur Eröffnung eingeladenen Eltern versammelt. Der Vorstand, ich und die Kinder, nahmen die Mitte des Zimmers ein; die Eltern nebst anderen Anwesenden standen oben an den Fenstern. Der Präses des Vorstandes übergab mir nun, nachdem vorher eine feierliche Stille geherrscht hatte, die Kinder; er fragte mich, ob ich mein Amt treu und gewissenhaft verwalten wolle? u. s. w. Laut antwortete ich: mit Liebe, Treue und Gewissenhaftigkeit würde ich es thun u. s. w. Der Präses des Vorstandes sprach nun auch zum Gehorsam und zur Aufmerksamkeit ermahnende Worte an die Kinder und, als er sie fragte, ob sie mir auch folgsam sein wollten, reichte Jedes der Kinder mir die Hand. Nun stimmte die ganze Versammlung ein Seegen erbittendes Lied an. O, wie sehr wünschte ich, dass auch Sie da gewesen wären!

Jetzt begann ich, indem ich die Kinder in den Kreis stellte, ein etwas älteres Mädchen trat sogleich helfend in denselben. Mit einzelnen Kindern, 6, 8, auch wohl 13 hatte ich schon vorher manchmal gespielt, was mir jetzt gar sehr zu Statten kam. Mit Gebet fing ich an. Dann sangen wir das Anfangslied: „Seht uns hier im Vereine, dass die Eintracht erscheine in dem fröhlichen Spiel, Ordnung schön uns verbinde, Liebe in Allem sich finde, Bringe der lieblichen Früchte so viel." Welches Lied ich erst den Kindern möglichst aus der augenblicklichen Sach- und Lebensanschauung erklärte. Bei dem Singen selbst gingen wir einmal rechts, dann links herum. Der Kreis wollte freilich noch nicht schön werden, darum sang ich den Kindern zu:

„Füsschen auswärts" u. s. w. und liess es sogleich ausführen." Da forderte mich ein Kind, welches in den jüngsten Tagen, gleichsam zur Vorübung, in meiner Wohnung mit einigen andern gespielt hatte, auf, das Taubenhaus (aus den Koseliedern) zu spielen. Diess gefiel nun allgemein und die Kinder wurden hoch erfreut. Nun spielte ich das Zahlspiel: „Schön in Reih gestellt" u. s. w. 1 Vöglein fliegt in den Wald hinaus u. s. w., 2 Fischlein schwimmen u. s. w., 3 Häschen springen u. s. w. Weiter wurde das Spiel zur Uebung der Körperhaltung: „Das Kindchen senkt sich nieder, hebt sich senkrecht wieder" u. s. w., weiter noch das Nestchen aus den Koseliedern gespielt. Die Kinder sangen hier schon meistens recht wacker mit.

Jetzt wurden zum Nestchen die Bälle herbeigeholt, welche freundlichst mit ihrem Liedchen begrüsst wurden: „Seid uns gar schön willkommen, ihr Bällchen schön und rund, wollt ja zur Freud uns kommen, ihr Bällchen schön und bunt" u. s. w. Nun wurde das Bällchen als Vöglein in das Nest der Händchen gesetzt und zu der entsprechenden Handbewegung gesungen: „Das Vöglein in dem Nestchen hüpft, dix, dix; dix, dix; dix, dix. Gieb Achtung, dass es nicht entschlüpft, dix, dix; dix, dix; dix, dix!" Das war für die Kinder eine Lust, auch den Eltern und allen den übrigen Anwesenden gefielen diese Kinderspiele sehr gut. Endlich liessen wir auch das Bällchen noch wandern. Doch nun waren die Kinder theils müde, theils hungrig und ich gab den Kindern nun zu essen. — Später nahm ich die Kugel zur Hand, auch das spielten die Kinder mit Lust. Kurz, Alles gieng nach meinem Dafürhalten und Gefühle gut; auch der Vorstand zeigte sich sehr zufrieden. 20 Kinder waren am ersten Tage da; jetzt sind es deren 30. O! ich wünschte nur, Sie wären hier; Sie glauben nicht, wie sich die lieben Kleinen gut machen. Ich stellte mir den Anfang viel schwerer vor; allein die Vorübung in Gotha war mir doch auch gar sehr heilsam.

In den ersten Tagen strampften die Knaben sitzend beim Essen mit den Beinen. Ich benutzte diess, wie uns gelehrt, jede natürliche Lebensäusserung und Körperbewegung zu einem rhythmischen Spiele zu machen, sogleich zur Ausführung des Spielchens „das Strampfelbein," in den Koseliedern, indem ich den Kindern zuerst das Liedchen erklärte, dann vorsang und ihnen nun erlaubte, das Liedchen: „Flugs gebraucht das Strampfelbein, schlaget Euch aus Mohn und Lein Oel für's Lämpchen" u. s. w. zu singen. Und jetzt nun geht die Bewegung der Füsse so schön nach dem Takte, dass es eine Lust zu sehen und zu hören ist.

Ein kleines Mädchen weinte am ersten Tage und wollte nach Hause, am zweiten Tage brachte man es wieder und, nachdem ich mich besonders etwas mit ihm beschäftigt und zu ihm gesprochen hatte, sagte es mir: „ich komme jetzt alle Tage wieder" und jetzt ist sie so zufrieden, wie nur ein Kind sein kann.

Ich gebe jetzt täglich 5 Stunden von Morgens früh bis $4^1/_2$ Uhr Nachmittags, die Mittagsstunden abgerechnet, also von $9-^1/_2 12$ Uhr und von $2-4^1/_2$ Uhr. Gern möchte ich Ihnen noch mehr schreiben, doch die Zeit erlaubt es nicht."

2) Aus dem Briefe einer Frau in Lünen an ihre gerade in Keilhau befindliche Schwester, vom 25. Januar 1847:

„Mit dem kleinen Kindergarten macht es sich schon recht gut. Ich glaube, wenn es einmal Sommer wird, kommen mehr Kinder, als angenommen werden können; es sind jetzt schon 27 Kinder und Alle haben ein rechtes Vergnügen daran. Ich kann Dir sagen, liebe Schwester, dass es sehr ruhig im Hause ist, wenn unsere 3 Trabanten weg sind, und unsere *Emilie* sogar ($1^3/_4$ Jahre alt) bleibt nicht zu Hause: „ich auch Mantel um", ruft sie gleich, wenn sie nur merkt, dass es Zeit ist zum Kindergarten zu gehen. Unsere *Sophie* (5 Jahr) kann schon mehrere Liedchen schön richtig singen; am Meisten hat aber *Minna*

($3^1/_2$ Jahr alt) unter unsern dreien Vergnügen daran. Allein die *Marie Christ* macht sich auch als Führerin recht gut, denn sie hat sehr viel Lust zur Sache."

3) Aus einem Briefe der *Marie Christ* an ihre Freundin *Christiane Erdmann* in Gotha*), in der gleichen Zeit geschrieben:

„Ich wollte Dir etwas von meinem Kindergarten schreiben, desshalb musstest Du so lang auf einen Brief von mir warten...... Unser Spielzimmer ist zwar länger, als breit, aber sehr hell; an drei Seiten hat es zusammengenommen 5 Fenster, auch schön hoch ist es und lässt sich gut heizen. Das Gärtchen, was an unserm Hause ist, ist so schön, dass ich mich recht auf dessen Bearbeitung zum künftigen Frühjahre freue..... Bei der Eröffnung gieng es gut, ob es mir gleich gar nicht einerlei war, als ich das Zimmer so voll Menschen sah..... Am Ende der Beantwortung der Fragen, welche der Präses des Vorstandes an mich richtete, wurde mir ganz heiss und ängstlich, denn ich fühlte wohl, was ich versprach: es war ja auf 3 Jahre ein Gelübde öffentlich ausgesprochen. Der Herr Präses hielt auch eine so eindringliche, als deutliche Rede an die Kinder...... Die Eltern konnten fast die Thränen nicht unterdrücken...... Ich kann Dir gar nicht sagen, was mir die Kinder für Freude machen..... Ich bin ganz zufrieden; auch der Vorstand ist mir sehr gewogen und die Eltern beweisen mir vielseitig ihre Zufriedenheit."

Beilage C.

1) Auszug aus den Vereins-Statuten des in Lünen zu gründenden Kindergarten's.

§ 1.

Der Zweck des Vereins ist, in Lünen unter dem Namen „Kindergarten" eine Anstalt zu errichten und zu unter-

---

*) Dieselbe war seit d. 3. Sept. 1845 Kindergärtnerin daselbst, s. oben Brief VIII gegen Anfang.

halten, worin die noch nicht schulpflichtigen Kinder ohne Unterschied der Religion unter Aufsicht einer Pflegerin überwacht und in einer, den Kräften der Kinder angenehmen Weise körperlich und geistig beschäftigt werden.

§ 5.

Der Vorstand des Vereins besteht aus einem Präses, drei Beisitzern und einem Kassirer. Der Präses hat die Versammlungen des Vorstandes sowohl, als der sämmtlichen Vereins-Mitglieder zu berufen und in denselben den Vorsitz zu führen; derselbe sorgt für Ausführung der Beschlüsse und leitet die vorkommenden Geschäfte nach Maassgabe der Statuten. Im Verhinderungsfalle wird der Präses durch einen der Beisitzer nach der Reihenfolge der Wahl vertreten, so zwar, dass der zuerst gewählte Beisitzer den Präses zuerst vertritt. Der Kassirer erhebt die Beiträge nach den vom Vorstande festgestellten Hebelisten und besorgt die Ausgaben nach Anweisung des Vorstandes. Er nimmt an den Berathungen und Beschliessungen des Vorstandes Theil, kann aber mit andern, als mit den auf die Kassenführung bezüglichen Geschäften nicht beauftragt werden. Alle Mitglieder des Vorstandes überwachen die Anstalt und bringen in den Sitzungen des Vorstandes alles dasjenige zur Sprache, was ihnen der Erwähnung werth scheint.

§ 8.

Die Befugnisse und Obliegenheiten des Vorstandes sind:

1) Bei eintretender Vakanz der Pflegerin-Stelle der Anstalt hat derselbe Behufs Wahl einer neuen Pflegerin (Lehrerin) der Anstalt zeitig eine General-Versammlung zu berufen. Der mit der von denselben gewählten Pflegerin abzuschliessende Vertrag ist vor Vollziehung der General-Versammlung zur Genehmigung vorzulegen.

2) Der Vorstand hat für die Ermittelung eines zum Kindergarten geeigneten Lokals mit Gartenraum zu sorgen. Die Wahl desselben und der mit dem Vermiether

abzuschliessende Miethvertrag sind ebenfalls der General-Versammlung zur Genehmigung vorzulegen.

3) Die Wahl der der Pflegerin beizugebenden Wärterin der Anstalt, sowie Abschliessung des Vertrags mit derselben ist lediglich Sache des Vorstands.

4) Derselbe führt die Pflegerin bei ihrem Eintritt in die Anstalt ein und hat die spezielle Beaufsichtigung und Leitung der Pflegerin und Wärterin.

5) Er sorgt für die Beschaffung der nothwendigen Utensilien und Beschäftigungsmittel der Anstalt.

6) Er besorgt die Einnahme und Ausgabe der Anstalt, über die er die jedes Jahr mit dem 1. November abzuschliessende Jahresrechnung spätestens zwei Monate nachher der General-Versammlung zur Revision vorzulegen hat.

7) Der Vorstand ist verpflichtet, auf motivirten Antrag dreier Mitglieder des Vereins binnen 14 Tagen eine General-Versammlung zu berufen.

8) Sich der Ausführung aller sonst vorkommenden Geschäfte nach Maassgabe der Statuten zu unterziehen.

§ 11.

Der Besuch des Kindergartens ist vorläufig auf diejenigen Kinder der Vereinsmitglieder beschränkt, welche das dritte Lebensjahr erreicht und das sechste noch nicht überschritten haben. Ob eine frühere Aufnahme und ein längerer Besuch Statt finden kann, bleibt einer späteren Beschlussnahme vorbehalten. Die Kinder, welche die Anstalt besuchen, müssen frei von ansteckenden Krankheiten und gehörig rein gehalten sein. Wenn sich der Vorstand über die Theilnahme der Kinder zahlungsunfähiger Eltern mit den Armenverwaltungen geeinigt haben wird, finden auf diese Kinder dieselben Bedingungen Anwendung.

Ehe Kinder zur Anstalt geschickt werden, muss dem Vorstande darüber Anzeige geschehen. So weit es der Raum erlaubt, können die Eltern den Kindergarten besuchen oder die Kinderwärterinnen mit den Kindern dahin schicken, ohne dass hierfür ein besonderer Beitrag zu entrichten ist. Namentlich wird der fleissige Besuch der Mütter erwünscht sein, damit durch diese etwaige Mängel in Ansehung der Reinlichkeit und äussern Ordnung im Kindergarten aufgedeckt und dem Vorstande bemerklich gemacht werden, u. s. w.

2) Vertrag, die Anstellung der Kindergärtnerin in Lünen betreffend.

Zwischen dem Vorstande des Vereins zur Gründung und Unterhaltung einer Kinderpflege-Anstalt unter dem Namen „Kindergarten" in Lünen an einer und der Jungfrau *Maria Christ* aus Hildburghausen an der andern Seite ist folgender Vertrag abgeschlossen worden:

1.

Der Vereins-Vorstand überträgt der *Maria Christ* die Stelle der Pflegerin bei dem mit dem Beginn des Jahres 1847 in Lünen zu eröffnenden Kindergarten auf die Dauer der drei Jahre 1847, 1848, 1849.

2.

Die Jungfrau *Maria Christ* übernimmt die Stelle einer Pflegerin beim Kindergarten in Lünen auf den angegebenen Zeitraum und verpflichtet sich, dieses Amt gewissenhaft zur Erreichung des Zweckes der Anstalt, wie solcher in den auszugsweise beigehefteten Statuten des Vereins ausgedrückt ist, zu verwalten, diesem Amte ihre Kräfte ausschliesslich zu widmen und in der Verwaltung des Amtes den Bestimmungen der Statuten und den Anordnungen des Vorstandes überall Folge zu leisten.

3.

Der Plan zur Beschäftigung der die Anstalt besuchenden Kinder wird vom Vorstande unter Zuziehung der Pflegerin entworfen und festgestellt, und ist von der Pflegerin genau zu befolgen, jedoch ist dieselbe nicht verbunden, sich täglich über 6 Stunden mit den Kindern zu beschäftigen. Etwaige spätere Abänderungen werden ebenfalls vom Vorstande bestimmt und der Pflegerin zur Beachtung bekannt gemacht.

4.

Die Pflegerin bezieht ohne Rücksicht auf die Zahl der die Anstalt besuchenden Kinder an Besoldung einschliesslich der Entschädigung für Wohnung und Beköstigung jährlich . . . .*) Rthl. preussisch Courant aus der Vereinskasse in monatlich vorauszubezahlenden Raten. Auf weitere Entgeltung hat die Pflegerin nicht Anspruch.

5.

Der Verein sorgt durch den Vorstand für alle äussern Bedürfnisse der Anstalt, namentlich für das Lokal zum Kindergarten, für die erforderlichen Utensilien und Beschäftigungsmittel, für Heizung und Aufwartung.

6.

Als Entschädigung für die Kosten der Reise nach Lünen erhält die berufene Pflegerin den Betrag von . . . . Rthl. aus der Vereinskasse.

7.

Während der Dauer des Vertrags kann derselbe nur nach einer beiden Theilen freistehenden 6 monatlichen Kündigung aufgelöst werden. Kündigt der Verein während der Vertragsdauer, so zahlt derselbe der abgehenden Pflegerin als Entschädigung für die Kosten der Rückreise den Betrag von . . . . Rthl. Auch nach Ablauf der dreijährigen Dauer soll der Vertrag als stillschweigend verlängert gelten und in Wirksamkeit bleiben, bis derselbe von einer Seite gekündigt wird, in welchem Falle die Gültigkeit des Vertrags drei Monate nach erfolgter Kündigung erlischt.

Zur Anerkennung der beiderseits übernommenen Verpflichtungen ist dieser vom Verein in heutiger General-Versammlung genehmigte Vertrag zweifach ausgefertigt

---

*) In der vorliegenden Abschrift ist die Summe nicht ausgefüllt.

und jedem Theile ein vollzogenes Exemplar eingehändigt worden.

Lünen, den 31. Okt. 1846.   Keilhau, den .....

Der Vorstand des Kindergartens. (Unterschrift der
(Folgen die Unterschriften.) Führerin des Kindergartens.)

Beilage D.

Aus dem Gevattersmann. Volksbuch für 1847 von *Berthold Auerbach*.
Auszug aus dem Briefe eines Schulmeisters an den Verfasser.

M...dorf, den 1. Juli 1846.

Ueber die Fortschritte in Dorf und Gemeinde.

Ein wichtiges Werk wird jetzt vorbereitet, nämlich ein Gemeindevorrathshaus, besonders für die Saatfrucht. Ein anderes ist bereits in schönster Blüthe; es ist auch ein Gemeindevorrathshaus und auch besonders für die junge Saat, ich meine den Kindergarten. Wir haben die Spiele und den Namen, die der wackere *Fröbel* in Keilhau dafür gegeben, in unserer Kleinkinder-Bewahranstalt angenommen. Ich habe meine älteste Tochter, *Josephe*, die nebst meinen beiden andern in der Stadt diente, zu diesem Behufe nach Hause genommen und sie ist ganz von Seligkeit, die Kinder zu hüten, zu warten und zu erheitern. Meine *Josephe* ist ein starkmuthiges, gesundes Mädchen, das ist vor Allem nöthig, denn es ist keine Kleinigkeit, 70—80 kleine Kinder zu hüten. Manche alte, zur Ruhe gesetzte Männer und Frauen kommen oft und helfen. Fürchte nicht, dass das freie, harmlose Kinderleben jetzt auch eingepfercht werde: es herrscht die grösste Ungezwungenheit; nur eins bringt die Kinder zur Gemeinsamkeit und Botmässigkeit, das ist der Gesang. Die Kinder lernen sonst fast nichts, als Singen, d. h. nur dieses lernen die Kinder durch das fröhliche und ungefesselte, gemeinsame Nachsingen kleiner, sinndeutender Liedchen, welche die freien Erzeugnisse ihrer Selbstthätigkeit begleiten, als etwas Gegebenes. Doch auch diese Liedchen selbst haben den Worten nach gewöhnlich, wie den Singweisen nach, sehr häufig in der eigenen Auffassung der schaffenden Kinder ihren Grund. Eine eigenthümliche Bedeutung liegt auch darin, dass die Spielzeuge keinem Kinde angehören, sondern Eigenthum der Anstalt sind, mit dem aber jedes frei schalten kann. Ich könnte Dir über die unsägliche Wohlthätigkeit dieser Anstalt noch viele Blätter vollschreiben; ich will aber nur noch darauf hindeuten, wie nothwendig sie ist, wenn man weiss und bedenkt, wie viele Leute, wenn sie auf's Feld gehen, die Kinder einsperren oder wild rennen lassen, und oft allem Unglücke preisgeben. Anfangs wollte es den Anschein gewinnen, als ob nur die Tagelöhner oder die Aermsten die Anstalt benutzen wollten; jeder gab sich sonach Mühe, nicht zu solchen gerechnet zu werden. Nun schickte aber der Bürgermeister mit einigen Gemeinderäthen die eigenen Kinder und Alles ist im besten Gange.

Beilage E.

Aus dem „allgemeinen Anzeiger und Nationalzeitung der Deutschen", Nr. 157, Sonnabend den 13 Juni 1846, Erziehungswesen, S. 2041.

Wenn nur der hundertste Theil des Ausgezeichneten, was über Erziehung geschrieben worden ist, im Leben beachtet worden wäre, so müsste die Menschheit eine ausserordentliche Bildungsstufe erreicht haben. Leider aber greift das Treffliche mit weit schwächerer Gewalt um sich, als das Erbärmliche, leider findet man sich zur Benutzung des guten Rathes weit weniger geneigt, als zur Verbreitung irgend eines Vorurtheils. Nichts hat darum auch verderblicher auf die Erziehung gewirkt, als beschränkte oder irrige Urtheile über aussergewöhnliche Bestrebungen wahrer Kinderfreunde. Ein solches begegnet uns auf S. 19 des jüngst erschienenen „Buches der Mütter" von *Ramsauer*. Nachdem hier bemerkt worden, dass die

Spiele für Kinder die Phantasie stark beschäftigen müssten, folgen die Worte: „Daher sind die Spiele, die der Pädagog *Fröbel* an verschiedenen deutschen Höfen vorgezeigt hat, und die nur in Kugel, Würfel und Ringen bestehen, als die Phantasie gar nicht anregend und als viel zu einförmig, ganz unzweckmässig" u. s. w. und weiter unten: „Sünde ist es daher, wenn man, wie *Fröbel* es will, bei kleinen Kindern schon die Absicht hat, zu unterrichten". Was zunächst das Vorzeigen der Spiele an verschiedenen deutschen Höfen anlangt, so gehört diese Bemerkung zu den Fabeln, — oder heisst das etwa dem sächsischen Hofe z. B. eine Vorstellung geben, wenn *Fröbel* vor einer zahlreichen Zuhörerschaft aus den verschiedensten Ständen in Dresden seine Ideen ausspricht? Was dann die Einförmigkeit und das Phantasieleere der *Fröbel*'schen Spiele anlangt, so ist es *Fröbel* nie eingefallen, Kindern nur einen Würfel, Kugel und Ringe (?) in die Hände zu geben. Schon die bisweilen vorgekommenen Bemerkungen über den zu grossen und ernsten Plan *Fröbel's* hätten Herrn *Ramsauer* von dem Gegentheil überzeugen können; zu dem durfte er nur das Buch: „Mutter- und Koselieder" von *Fröbel* durchblättern, und er würde eine Menge von Spielen der gemüthlichsten Art gefunden haben, bei denen auch die kühnste Phantasie nicht an Kugel, Würfel oder Ringe denken möchte. Er durfte nur im „Sonntagsblatte" lesen, um die schönsten Bewegungsspiele zu finden, oder er konnte endlich, wenn er über *Fröbel* ein solches Urtheil schreiben wollte, diesen Mann selbst besuchen, und wir sind versichert, er würde die Ueberzeugung von dannen getragen haben, dass der Geist der Liebe in *Fröbel* sei, wie in *Pestalozzi*, und dass die Begeisterung für die lieben Kleinen den alten Kindergärtner zu mächtig durchströmt, als dass er hätte Phantasietödtendes ersinnen können.

Was endlich das Sündhafte des Unterrichtens anlangt, so ist ja eben *Fröbeln* nichts verhasster, als frühes

Eintrichtern; nichts mag er weniger leiden, als bei den Kleinen Absichtliches unterrichten. So klein hat er nie gedacht, seinen grossen Gedanken des Spielganzen zu einer Unterrichtsschablone herabzuwürdigen. Ihm ist das Spiel die grosse Kunst in der Hand des Erziehers, mit der Natur gemeinschaftlich zur Herausbildung des Kindes zum Menschsein zu wirken; und wie seine Erziehungsgrundgesetze in Harmonie stehen mit den grossen Gesetzen, die sich in der ganzen Natur aussprechen, so sind seine Spiele aus der scharfen Beachtung der Kindesnatur und aus der sinnigen Auffassung des Volksspieles hervorgegangen. Der Unterzeichnete fühlt sich gedrungen, dieses hier auszusprechen, damit nicht etwa jene, vielleicht flüchtig hingeworfenen Worte als böses Unkraut wuchern und die zart keimende Saat ersticken.   T . . . . . s.*)

Beilage F.

Fröbel's Aufruf zur Bildung von Erziehungsvereinen.**)

(Die von Fröbel selbst ursprünglich niedergeschriebene Fassung.

(Die dem spätern Drucke zu Grunde gelegte Redaktion).

Aufruf
an die deutschen erziehenden Männer, besonders Väter zur Bildung von Vereinen für Erziehung.
Oder:
Wozu fordert die Zeit dringend die Väter auf?
Oder:
Was thut uns vor Allem Noth in Beziehung auf häusliche und öffentliche Erziehung?

Aufruf
an die deutschen Männer, besonders Väter, zur Bildung von Vereinen für Erziehung.

---

*) Die Lösung dieser Chiffre ist in der Anmerkung zu Beilage G gegeben.
**) S. Brief Nr. III, Anmerkung.

Grosses, Lebenswichtiges bewegt im Innersten und Aeussersten die Gegenwart und diess so allgemein, wie noch zu keiner geschichtlichen Zeit; so Hochwichtiges, dass von dessen Erfolge das Glück und der Friede von Millionen Menschen, das Wohl und das Heil von hunderttausend Familien abhängt.

Und hier ist kein Stand und kein Verhältniss ausgeschlossen; es trifft den Vornehmsten, wie den Geringsten, den Bürger, wie den Bauer, den Gebildeten, wie den Ungebildeten; jeder Beruf, jedes Geschlecht, jedes Alter ist dabei und in seinen wesentlichsten Beziehungen betheiligt, wie in hundert verschiedenen Weisen, so durch hundert verschiedene Fäden.

Ueberschauen wir aber die letzten Ursachen, wie die innersten Richtungen, welche dieser durchgreifenden Erregung aller Lebensverhältnisse zu Grunde liegen, forschen wir nach ihrem ersten Ausgangs-, nach ihrem letzten Beziehungspunkte, so zeigt sich überall nur einer und immer derselbe: Er-

Grosses und Wichtiges bewegt die Gegenwart, und diess so allgemein, wie noch zu keiner Zeit: so Hochwichtiges, dass von dessen Erfolge das Glück und der Friede von Millionen Menschen abhängt.

Und hier ist kein Stand und kein Verhältniss ausgeschlossen; es trifft den Vornehmsten, wie den Geringsten, den Bürger wie den Bauer, den Gebildeten, wie den Ungebildeten.

Fragen wir nun nach den letzten Ursachen, wie nach den innersten Richtungen, welche dieser durchgreifenden Erregung aller Lebensverhältnisse zu Grunde liegen, forschen wir nach ihrem ersten Ausgangs-, wie nach ihrem letzten Beziehungspunkte, so zeigt sich überall nur einer und immer derselbe:

ziehung heisst er im Allgemeinen, Familienerziehung im Besonderen und Erziehung der Kinder in ihren ersten Lebensjahren bis zur Schulreife im Besondersten und Nächsten.

Hören wir die Stimmen der einsichtigsten Männer, der erfahrensten Väter in den verschiedensten Lebensberufen, und hören wir das, was sich ihrer fortgesetzten Beobachtung als geprüfte Ergebnisse aufdringt; lesen wir die Klagen und Bitten der Erzieher von Kopf, Herz und Beruf, hören wir die Stimme des menschenfreundlichen, in allen Leidensgemächern einheimischen Arztes, hören wir die unerlässlichen Forderungen des einsichtigen Politikers, die väterlichen Ermahnungen des treuen Religionslehrer's; lesen wir die Schilderungen der amtstreuen Richter, wie der berufstreuen Anwälte; vernehmen wir selbst die Stimme des Geschäfts- und Gewerbsmannes jedes Grades, hören wir selbst den Ausbruch des trauernden Schmerzes der ächt sorgenden, rath- und hilflos dastehenden Mutter —

Erziehung heisst er im Allgemeinen und Erziehung der Kinder in ihren ersten Lebensjahren bis zur Schulreife insbesondere.

Hören wir die Stimmen der einsichtigsten Männer, der erfahrensten Väter und selbst der sorgsamsten Mütter in den verschiedensten Lebensberufen und hören wir das, was sich ihrer fortgesetzten Beobachtung als geprüftes Ergebniss aufdringt, stets ist es das Gleiche: „so kann, so darf es mit der Erziehung der Kinder und Jugend nicht bleiben!"

wie alles diess in den verschiedensten Organen der Oeffentlichkeit sich kund thut und fragen wir nach der letzten Ursache, forschen wir sorgfältig nach der letzten Quelle von all diesem, so finden wir immer eine und dieselbe: Erziehung und wieder Erziehung; und stets das gleiche Ergebniss vom Ganzen: **so kann, so darf es mit der Erziehung der Kinder, der Jugend nicht bleiben!**

Ueberschauen wir nun dagegen all die Mittel, welche in dieser Beziehung dargeboten und welche schon angewendet wurden und noch werden, alle die Wege, welche zur Hülfe hier vorgeschlagen und welche dort schon betreten sind, so ist kaum noch ein Mittel, welches nicht versucht, kaum noch ein Weg, der nicht eingeschlagen sei; und dennoch keiner der Wege und keines der Mittel führte bis jetzt zu dem erwarteten, zu dem ersehnten Ziele!

Sollen wir hier nun stehen bleiben? Soll der Menschenfreund nach allen Richtungen des menschlichen Wirkens hin in sich verzweifeln an

Ueberschauen wir dagegen die Mittel, welche zur Hülfe hier vorgeschlagen und die Wege, welche dort schon dafür betreten sind, so ist kaum noch ein Mittel, welches nicht versucht, kaum noch ein Weg, der nicht eingeschlagen sei; und dennoch, Nichts von dem Allen führte zu dem ersehnten Ziele!

Sollen wir uns nun hierbei beruhigen? Soll der Menschenfreund, der Familienvater, die Mutter des Hauses verzichten auf die Hülfe, welche

der Hülfe, die uns doch Allen so Noth thut? Verzweifeln an der Bewahrung seines Kindes, seiner Kindes-Kinder und des heraufkeimenden Geschlechtes überhaupt vor den Krankheiten der Zeit, welche immer von Neuem die Gestalt wechseln, immer mit verstärkter Kraft zurückkehren und vermehrte Opfer fordern? Sollen so die Uebel krebsschadenartig fortwachsen, dass vom Leben gleichsam nur noch ein mechanisch bewegtes Skelett übrig bleibe, wie uns die Tagesgeschichte ein solches zeigt? Soll der rettende Arm des von Hülfe durchglühten Mannes von fruchtlosem Wirken ermattet sinken? Denn bald erscheinen, um ihn zu entkräften, die vorgeschlagenen Mittel überspannt, mindestens unter den bestehenden Verhältnissen nicht anwendbar; bald erscheinen sie einseitig nach der einen bald nach der andern Seite; was dem Einen helfen soll, darin und dadurch werde, glauben Andere, ihnen empfindlich zu nahe getreten, und so arbeiten diese schön still, aber eben darum um so nach allen Richtungen des menschlichen Lebens hin doch so Noth thut? Sollen sie verzweifeln an der Bewahrung ihrer Kinder und Kindeskinder vor den Krankheiten der Zeit, welche immer von Neuem die Gestalt ändern, immer mit verstärkter Kraft zurückkehren und vermehrte Opfer fordern? Sollen so die Uebel gleich Krebsschaden fortwachsen?

gefährlicher der Ausführung des Gedankens gründlicher Hülfe und der Erfassung des Uebels in seiner Wurzel entgegen, ehe sie noch wirklich selbst beginnt!

Wo ist da Hülfe? Wo ist da Rettung? Nahe und da; wie überall und zu allen Zeiten wahrer allgemeiner Noth, wahrer allgemeiner Leiden! Verhehlen wir uns nur nicht, worin und wodurch wir leiden; verschleiern wir uns nur nicht, was uns wahrhaft Noth thut: Die Hülfe liegt so nahe, liegt so offen vor uns, die Rettung ist so leicht und ohne grosse Schwierigkeiten zu erfassen und auszuführen, dass es fast einem Wunder gleicht, dass sie noch nicht erkannt und ergriffen, dass sie noch nicht versucht wurde.

Wir haben Vereine aller Art, an welchen Männer vom Fach, wie Laien, d. h. Bürger und Männer aus allen Ständen und Verhältnissen und von den verschiedensten Bildungsgraden Antheil nehmen, so, dass es kaum noch irgend Etwas giebt, zu dessen gemeinsamer Ausführung

Wo ist da Hülfe? Wo ist Rettung? Da und nahe; wie überall und zu allen Zeiten allgemeiner Noth! Verhehlen wir uns nicht, worin und wodurch wir leiden und verschleiern wir uns nur nicht, was uns wahrhaft Noth thut: — die Hülfe liegt offen vor, die Hülfe ist so ohne grosse Schwierigkeiten auszuführen, dass es fast einem Wunder gleicht, sie noch nicht erkannt und ergriffen, sie mindestens noch nicht versucht zu sehen.

Wir haben Vereine aller Art, an welchen Männer vom Fache, wie Laien, d. h. Männer aus allen Ständen und Verhältnissen, wie von den verschiedensten Bildungsgraden Antheil nehmen. So haben wir landwirthschaftliche und Gartenvereine, welche die Kultur und Veredlung der

man sich nicht vereint hat; allein einen Verein erziehender Männer und Väter für Erziehung haben wir noch nicht; auch nicht einen finden wir, geschweige denn mehrere, und dennoch ist Jeder, in welchem Grade und in welchem Verhältnisse es auch immer sei, bei der Erziehung, bei der Art ihrer Ausführung, wie bei ihren Früchten auf das Höchste betheiligt. Niemand, Niemand ist es, der nicht die Folgen einer guten oder schlechten Erziehung an sich oder in seinem Lebenskreise schmerzlich oder beglückend empfinde.

Wir haben landwirthschaftliche und Gartenvereine, welche die Kultur und Veredlung der Thiere und Pflanzen, die Erforschung und Anwendung der Bedingungen und Gesetze, von welchen jene abhängt, zum Gegenstande haben, aber keinen derartigen Verein zur Erziehung und Veredlung des Menschen, — einen Erziehungsverein, nein, nein! den haben wir nicht! — —

Wie mag es nun kommen, Thiere und Pflanzen durch Erforschung und Erfüllung der Bedingungen und Gesetze, von welchen jene abhängt, zum Gegestande haben, und wir erkennen das Gewinnreiche derselben; allein Vereine erziehender Männer und Väter für Erziehung der Kinder und des Menschen haben wir nicht, und dennoch ist ein Jeder, in welchem Grade und Verhältnisse es auch immer sei, bei der Erziehung, der Art ihrer Ausführung, wie bei ihren Früchten auf das Höchste betheiligt, und ein Jeder weiss, dass diese Früchte nur von der gemeinsamen Erkenntniss der richtigen Mittel, von der gemeinsamen Anwendung derselben abhangen.

Sehen wir nun von hier

dass ein Verein von solcher Bedeutung, von solchen unberechenbar segensreichen Folgen für jeden Einzelnen, wie für jedes Ganze noch nicht in Ausführung, noch nicht einmal in Vorschlag kam? — ein Verein, wichtig für den ärmsten Taglöhner, wie für den unabhängigsten Mann; woher wohl diess? — —

Was lässt sich darauf Anderes erwiedern, als, dass das Nächste und Lebenswichtigste oft von den Menschen am wenigsten erkannt, oft am wenigsten beachtet und ausgeführt wird?

Soll es nun immer so bleiben, oder soll die Aufforderung: — dass es besser werde, dass wir es selbst besser machen, noch stärker und fühlbarer sich aussprechen, als es bis jetzt schon in Tausend von Thatsachen des häuslichen und öffentlichen Leben's ge-

und da bestehenden Vereinen, wie z. B. zur Förderung des Turnwesen's, welche wohl auch einen, allein speziellen Erziehungszweck vor Augen haben — ab, so dringt sich die Frage auf: — Wie mag es nur kommen, dass Erziehungs-Vereine im eigentlichen Sinne, Vereine von solcher Bedeutung, von solchen unberechenbar seegensreichen Folgen für jeden Einzelnen, wie für jedes Ganze noch nicht in Ausführung, noch nicht einmal in Vorschlag kamen? — Woher wohl diess? —

Was lässt sich darauf anders erwiedern, als, dass das Nächste und Lebenswichtigste oft von den Menschen am wenigsten erkannt, oft am wenigsten beachtet und ausgeführt wird?

Soll es nun immer so bleiben, oder soll die Aufforderung: — dass es besser werde und wir es selbst besser machen, dass wir uns zum Besserwerden und Bessermachen gegenseitig die helfende Hand reichen — noch eindringlicher sprechen, als es bis jetzt schon in tausend Thatsachen des

schiehet? — Reden diese nicht schon eindringlich genug? —

Aber gewiss! Der Gegenstand darf nur erwähnt, nur ausgesprochen werden und bald werden sich im lieben deutschen Vaterlande auch Orte finden, in welchen die Wichtigkeit des Gegenstandes erkannt werden wird, in welchen somit auch alsbald denkende, gemüthvolle für alles Gute thätige Männer und Väter, Menschenfreunde, wie ächte Stützen ihrer Familie, sorgsame Bürger, wie wohlwollende Glieder ihrer Gemeinden innig einig, wort- und thatkräftig zusammentreten, um einen Verein für durchgreifende Ausführung zeitgemässer Pflege und Erziehung der Kinder und der Jugend überhaupt, zunächst aber besonders zur Erziehung der Kinder bis zur Schulreife derselben zu bilden.

Wie aber sollen solche Vereine zu Stande kommen und in's Leben treten? —

In jedem Orte werden sich leicht zwei, drei Männer und Väter finden, welche bei der Art und Ausführung der Er-

häuslichen und öffentlichen Lebens geschiehet? —

Aber gewiss! — Die Sache darf nur ausgesprochen zu werden und bald finden sich im lieben Vaterlande sicher auch Orte, in welchen der Gegenstand in seiner Wichtigkeit erkannt wird, in welchen Männer, Väter und Bürger im vollen Sinne des Wortes, innig einig, wort- und thatkräftig zusammentreten, um solche Vereine, Vereine für Ausführung zeitgemässer Pflege und Erziehung der Kinder und Jugend in's Leben zu rufen.

In jedem Orte werden sich leicht zwei, drei Männer finden, welche bei der Art und Ausführung der Erziehung

ziehung hinsichtlich ihrer eigenen Familie lebenswichtig betheiligt sind; diese treten nun zuerst zu gegenseitigem, klaren Verständniss, dann zur thatsächlichen, gemeinsamen Förderung und Erreichung gründlicher, das ganze Leben des Kindes erfassender Erziehung — dieser Urquelle alles Lebensfrieden's und aller Lebensfreudigkeit zusammen. Bald, von dem wohlthätigen Erfolge solcher Lebenseinigung freudig überzeugt, fordern diese, von Bürgersinn und Menschenliebe getrieben, andere, dem Grade nach wohl mehr oder minder, der Sache nach aber Gleichbetheiligte zu thätiger Theilnahme auf. Wie könnte diese fehlen! — Wer sollte solcher Einladung nicht folgen? — Ein Jeder würde ja dadurch nur dem Sehnen und Streben seines eigenen Herzens entgegen kommen: das Glück und Wohl seiner Familie, wie das seiner Gemeinde nicht nur fest zu begründen, sondern auch die Fortentwickelung zu steigender Vollkommenheit zu sichern.

hinsichtlich ihrer eigenen Familie lebenswichtig betheiligt sind; diese vereinigen sich zuerst,

Bald werden sich, von dem wohlthätigen Erfolge, solchen Zusammenwirken's angezogen, Andere mit ihnen verbinden.

Ein Abend in jeder Woche wird sich, wegen der hohen Wichtigkeit des Gegenstandes, unter allen Verhältnissen leicht finden, um die Aufgaben des Vereines gemeinsam zu lösen, den Zweck desselben gemeinsam zu fördern, zu erreichen.

Der Zweck und die Aufgabe das Vereines würde aber sein: — erstlich den Stand und die Forderungen der gegenwärtigen Kinder- und Jugenderziehung überhaupt, und die Mittel und Wege kennen zu lernen, wodurch diese Forderungen erfüllt werden können; dann zweitens den Stand und die Forderung der örtlichen Erziehung, die Art und Weise kennen zu lernen, wie dieselben zu befriedigen und die Mängel derselben zu beseitigen seien; sich hierüber Rath und Belehrung zu verschaffen, so wie sich diese gegenseitig aus dem Schatze eigener und Fremderfahrung mitzutheilen, endlich und hauptsächlich drittens aber: gemeinsam Hand an's Werk zu legen, um zunächst der so gewonnenen Einsicht gemäss nun

Ein Abend in jeder Woche wird sich, wegen der hohen Wichtigkeit des Gegenstandes, unter allen Verhältnissen gewiss finden, um die Aufgaben des Vereines gemeinsam zu lösen, den Zweck desselben gemeinsam zu fördern, zu erreichen.

Diese aber würde sein: — erstens die gegenwärtigen Forderungen der Kinder- und Jugenderziehung, wie die Mittel und Wege überhaupt kennen zu lernen, wodurch diese Forderungen erfüllt werden können; zweitens, ebenso die Forderungen der örtlichen Erziehung, die Art und Weise kennen zu lernen, wie dieselben zu befriedigen und die Mängel derselben zu beseitigen seien; sich hierüber Rath und Belehrung zu verschaffen, so wie sich diese gegenseitig aus dem Schatze eigner und Fremderfahrung mitzutheilen; endlich drittens aber, gemeinsam Hand an's Werk zu legen, um demnächst, der so gewonnenen Einsicht gemäss, die Erziehung in eigenen Kreisen aus- und durchzuführen, und namentlich zuerst

auch die Erziehung in seinen eigenen Kreisen aus- und durchzuführen und ganz namentlich zuerst die sorgsame Entwickelung und Beachtung der Kinder bis zum schulpflichtigen Alter, besonders auch durch tüchtige, zuverlässige Hülfe zu sichern.
Was in all diesen Beziehungen, bei den jetzigen, so innig und vielfach verschlungenen Lebensverhältnissen der Einzelne, selbst die einzelne Familie unmöglich erringen kann, würde so durch Gemeinsamkeit erreicht werden. Die Erziehung würde so werden, was sie werden soll, und wodurch sie auch nur einzig allgemein bleibend seegensreiche Früchte bringen kann: — eine Aufgabe an Alle, zur gemeinsamen Lösung Aller. Darum würden die Ergebnisse der Wirksamkeiten einzelner Vereine, insofern es der Gegenstand durch seine Allgemeingültigkeit gestattet, durch entsprechende Organe und in den vielfach geöffneten Sprachsäälen für Bürger-, Familien- und Volkswohl der Oeffentlichkeit übergeben; so

die sorgsame Entwickelung der Kinder bis zum schulfähigen Alter, besonders auch durch zuverlässige Hülfe zu sichern.

Was in allen diesen Beziehungen bei den jetzigen, so vielfach verschlungenen Lebensverhältnissen der Einzelne, selbst die einzelne Familie unmöglich erringen kann, würde so durch Gemeinsamkeit erreicht werden. Die Erziehung würde so werden, was sie werden soll und wodurch sie auch nur bleibend seegensreiche Früchte bringen kann: — „Eine Aufgabe Aller zur gemeinsamen Lösung Aller!"

würden sich sehr bald Gesammtthatsachen und Forderungen herausstellen, welche nun auch ebenso leicht, aber nur durch allgemeines Zusammenstimmen, Einverständniss und gemeinsames Sich-Handbieten beseitigt oder gefördert werden können; und so würde auch der so hochwichtige und nothwendige Einklang zwischen der häuslichen und öffentlichen, zwischen der eigenen und der Fremderziehung, zwischen den Eltern und der miterziehenden Umgebung, besonders mit ihrer miterziehenden Hülfe: Kindermädchen, Wärterinnen u. s. w. errungen werden.

Eine weitere Wirksamkeit dieser verschiedenen Vereine würde sein: sie tauschen sich gegenseitig offenkundig den Namen ihrer Glieder aus — so wie überhaupt alle ihre Verhandlungen, indem die Erziehung ein Gegenstand höchster Allgemeinheit ist, Jedem zum Zutritte offen stehen, welcher sich von wahrer Theilnahme daran belebt fühlt und bethätigt — und so werden sie, durch gleichen allgemeingültigen Zweck Freunde, Brüder, gemeinsame Erzieher und Väter der heraufwachsenden Jugend. Jeder Vater nämlich, der genöthigt ist, früher oder später welche von seinen Kindern fremde und ferne Orte besuchen zu lassen, und jetzt wirklich mit Sorge dieser Zeit entgegensieht, findet nun in jedem Orte nicht nur einen Freund, sondern einen Kreis von Freunden, welchem er — von gleichem Streben für gesunde körperliche, geistige und gemüthliche, so thatkräftige, wie thatfertige Erziehung der Jugend, wie er selbst beseelt — vertrauensvoll auch sein Kind zur weitern väterlichen Obhut empfehlen und übergeben, und so nun dasselbe ohne jene bange Sorgen in die Ferne wandern sehen kann. — —

Von der Häuslichkeit, der Familie und der Kindheit ausgehend werden sich die grossen, seegensreichen Folgen dieser Vereine bald in der Oeffentlichkeit, in der Jugend, ja in dem Leben der Jünglinge und Jungfrauen, und in dem wieder davon

Die grossen und wohlthätigen Folgen dieser Vereine, welche aus der Natur der Sache so klar als vielseitig hervorgehen, dass es unnöthig wäre, davon auch nur einige hier anzuführen, werden so, von der Häuslichkeit, der Familie, der Kind-

abhängigen Familien- und öffentlichen Leben kund thun; so wird es möglich werden, dass eine Menge von dem, was uns jetzt in Beziehung auf häusliche und öffentliche Erziehung, in Beziehung auf die Erscheinungen des Kinder- und Jugendlebens so fühlbar drückt, ja wie ein Alp auf dem häuslichen und öffentlichen Leben liegt, — schwindet, dass die reinsten Bestrebungen der Zeit dem Ganzen bleibend Früchte des Heil's bringen, und so würde zugleich eine des deutschen Volkes würdige, ächte Nationalerziehung erreicht, welche die Bewahrung aller deutschen Tugenden und Gesittung sichern, alles Edle und Grosse im Volke schützen und pflegen, seiner Vollkommenheit entgegenführen und ausbilden würde.

Im Januar 1845.

* * *

heit ausgehend, sich bald in der Oeffentlichkeit, in der Jugend, ja in dem Leben der Jünglinge und Jungfrauen und in dem wieder davon abhängigen Familien- und bürgerlichen Leben kund thun; so wird eine Menge von dem verschwinden, was uns jetzt in Beziehung auf häusliche und öffentliche Erziehung, in Beziehung auf die jetzigen Erscheinungen der Kinder- und Jugendwelt so fühlbar drückt, ja wie ein Alp auf dem gesammten Leben liegt — und die reinsten Bestrebungen der Zeit werden dem Ganzen bleibende Früchte des Heils bringen. So würde zugleich eine des deutschen Volkes würdige, ächte Nationalerziehung möglich, und diese würde die Bewahrung aller deutschen Tugenden und Gesittung sichern, alles Edle und Grosse im Volke pflegen und seiner Volkommenheit entgegenbilden.

Im Februar 1845.

Friedrich Fröbel.

Beilage G.

Aus dem „Allgemeinen Anzeiger und National-Zeitung der Deutschen",
Nr. 176, Donnerstag d. 2. Juli 1846. S. 2277.

Erziehungswesen.

Der Gedanke *Fröbel's* in Keilhau, durch das Spiel eine bessere frühe Bildung zu erzielen, würde gewiss weit kräftiger vorgedrungen sein, wenn neben der Entwickelung der Grundsätze und der ausführlichen Bearbeitung eines Planes eine vollkommene Bildungsanstalt in's Leben getreten wäre. Dann würde es so vielen ängstlichen Leuten nicht möglich gewesen sein, von Theorieen zu sprechen, die sich in der Praxis nicht bewähren; dann würde man nicht haben sagen können: „ja, die Sache ist recht schön, die Spiele sind recht sinnreich gedacht, aber es lässt sich nicht ausführen." So beklagenswerth es daher war, dass der durch viele Aufopferung von Seiten *Fröbel's* gebildete Kindergarten zu Blankenburg wieder wüste gelassen worden, so erfreulich ist es, in neuerer Zeit in verschiedenen Gegenden des deutschen Vaterlandes die Theilnahme an *Fröbel's* Gedanken sichtbar werden zu sehen. Darmstadt, Dresden, Frankfurt, Gotha, Hildburghausen, Rudolstadt, und viele kleinere Städte haben bereits Kindergärten. Halle und Magdeburg werden, wie wir hören, in der nächsten Zeit nachfolgen und somit gewiss die Stützpunkte geben, von denen aus die Idee fortwächst, bis sie von den verschiedensten Seiten sich zusammenschlingt zu einem grossen Ganzen.

Was könnte aber jetzt, wo noch so viele Freunde der Menschheit mit den Kindergärten unbekannt sind, beachtenswerther sein, als eine Anstalt in *Fröbel's* Nähe, unter seiner Leitung? — Eine solche besteht in Eichfeld nahe bei Keilhau. In jeder Woche Sonntags Nachmittags und Mittwochs und Sonnabends Vormittags sieht man dort den alten 64jährigen Kinderfreund, unterstützt von seinen

8 Schülerinnen, die sich zu Spielführerinnen ausbilden, im Kreise der Kleinen und Kleinsten. Rührend war es uns, zu sehen, wie die Knaben und Mädchen den Keilhauern entgegen sprangen, mit ihnen Hand in Hand hineinzogen zu der grossen Linde, unter deren Schatten sich alle zu einem grossen Kreise vereinigten und in diesen auch die Spiel liebenden Kinder von den Nachbardörfern aufnahmen, die schon längst auf die Ankunft der Grossen gewartet hatten. —

Ein kleines Liedchen eröffnete die Spiele; singend giengen die Kleinen taktmässig im Kreise links um und rechts um, und nun folgten mannichfache Spiele, die sich in sinnreicher Weise aneinander schlossen. Alle Spiele des Volkes findet man hier gemüthlich aufgefasst und durch passende Veränderungen in den sonst wohl auch gebräuchlichen Texten und durch liebliche Melodieen für Kinderstimmchen, von ihnen mit Herzenslust gesungen, ausgestattet. Kein Zwang fand statt; die Spielführerinnen leiteten ganz unmerklich, indem es ganz schien, als hätten die Kinder immer selbst gewählt.

Endlich war die Zeit vorüber. Wieder bildete sich der grosse Kreis, die Kleinen sangen, reichten mit fröhlichem Lächeln des Dankes den Führern die Händchen, fassten sich je zwei und zwei und zogen singend fort von dem Platze der Freude.

Bei trüberen Tagen finden wir die Kinder in der Schulstube sitzen. Dort sehen wir sie bald Papier falten zu den mannichfaltigsten Gestaltungen, bald ausschneiden und so durch die einfachsten Mittel die wichtigsten Gesetze der Formenlehre erkennen; bald kleine Kästchen kleistern und so ihren Sinn für Ordnung, Genauigkeit und Sauberkeit pflegen, bald nach vorgezeichneten Mustern kleine Karten ausstechen und einfach bemalen, um später durch kleine Geburtstagswünsche die Eltern zu erfreuen. Aber wer könnte das Alles erzählen, was er in kurzer Zeit gesehen? Wer könnte weggehen, ohne die Ueberzeugung mitzunehmen, dass hier Geist, Gemüth und Körper gepflegt werde? — Wie freuten wir uns aber vollends, als auch ein Gärtchen entstand, für die eigentliche Ausbildung des Körper's mit Turngeräthen und ein anderes für eigentliche Gärtnerei? Welch' ein lustiges und geschäftiges Treiben in diesem kleinen Raume! Da pflanzt Jedes der 80 Kleinen auf seinem ihm eigens zugewiesenen, kaum mehr als eine Quadratelle grossen Gärtchen mit grösstem Eifer; hier sah man ein Mädchen eifrig Wasser tragen; dort baute ein Knabe einen spannehohen Zaun um sein Plätzchen, hier sah man einen andern abgepflückte Blumen pflanzen, oder eine Ruthe als Baum stecken, um nach wenigen Tagen zu bemerken, dass die rechte Lebensbedingung fehle; dort einen dritten Erbsen und Bohnen vergraben und so den vertrauenden Sinn zur Mutter Erde erblühen. Wohl möchte man da glauben, dass, wie Fröbel sagt, die Kinder als Gärtner im Gärtchen ihr Leben im Bilde schauen und sich selbst in der Natur wieder finden!

Der rege Sinn, den die Herstellung eines hübsch ausgestatteten Blumengarten's und eines Turnplatzes bei den Bewohnern von Eichfeld voraussetzt, ist hervorgegangen aus einem Erziehungsvereine nach dem Plane *Fröbel's*. Er selbst leitet, unterstützt von dem wackern Pfarrer und Lehrer des Ortes diesen Verein, der an jedem ersten Sonntage des Monats eine Zusammenkunft hält. Von diesem nachahmungswerthen Vereine ist bereits früher in diesem Blatte die Rede gewesen. (S. Allgem. Anz. d. D. 1845 Nr. 162).*)

T . . . . . s.

---

*) Anmerkung Fröbel's: „Der Verfasser dieses Aufsatzes ist der Ihnen bekannte und auch in diesem Briefe mehrfach erwähnte Herr *Lohse*, jetzt Kantor in Milau, früher Tertius daselbst, was die Chiffre bezeichnen soll. Er war fast ein Jahr lang mehrere Tage jede Woche theilnehmend Zeuge unseres Wirkens, wie er denn auch, wie dieser Brief sagt, seine Schwester hier bilden liess. Der zweite hier beiliegende Aufsatz, mit T . . . . . s bezeichnet, ist auch von ihm." Es ist diess der oben unter Beilage E mitgetheilte Artikel.

Beilage H.

Aus dem Allgemeinen Anzeiger der Deutschen, Nr. 172, Donnerstag d. 27. Juni 1846.

Kindergärten.

Der Frühling ist wieder gekommen mit seinen Blüthenbäumen und Saatgefilden. In der allgemeinen Fröhlichkeit, welche sich in Folge des neuen Lebens über die ganze Natur verbreitet, machen sich auch die Stimmen der Kleinen bemerklich, die sich nach gewohnter Weise in den neu eröffneten Kindergärten versammeln. Sollten sich nicht mit jedem jungen Frühlinge mehr solche Schutzstätten kindlicher Fröhlichkeit, mehr solcher Pflanzstätten menschlicher Tugend eröffnen? Sollten sie nicht mit jedem Jahr mehr Freunde gewinnen im lieben Vaterlande? O, versäumt nicht, davon Kunde zu geben, ihr Freunde der Kinderwelt, ihr alle, die ihr darum wisst, die ihr erfahrt, wie wohlthuend diese Anstalten auf die Kinder und auf die Menschenwelt wirken!

Hört, hört! Ihr Kinderfreunde, ihr Regierungen und Schulkollegien im deutschen Vaterlande! Wendet eure belebende Thätigkeit dem ursprünglichen, deutschen Institute der Kindergärten zu! Achtet auf die Art, wie die dafür ausgebildeten Führerinnen und Gärtnerinnen diese Gärten zu beleben suchen mit anregendem sinnigen Spiel! Ueberhört nicht die wichtigen Stimmen, die euch von den seegensreichen Früchten erzählen, welche in solchen Gärten bereits geerntet wurden und noch in Aussicht stehen! Ladet nicht den Vorwurf auf Euch, auf das Vaterland, dass diejenigen Stimmen ungehört verhallen, die da rufen: „Erbarmet euch der Jugend in Städten und Dörfern!" Gründet und fördert Anstalten, die darauf abzwecken, der kindlichen Brust ihren Frohsinn, die Reinheit ihres Herzen's zu bewahren, in tausend freudeleeren Familien das himmlische Feuer der ächten Eltern- und Kindesliebe zu entzünden und dem

Vaterlande eine unverdorbene, lebenskräftige, gesinnungstreue Nachkommenschaft zu sichern! Möge kein Frühling über unserem Vaterlande wieder aufgehen, ohne uns eine sich immer mehrende Zahl neuer Kindergärten zu eröffnen, ohne die vorhandenen mit neuer Jugendkraft zu beleben!*)

—r.

IX.

Herrn Professor Dr. *Karl Hagen* aus Heidelberg in Frankfurt a./M.

Keilhau bei Rudolstadt am 17. Juli 48.

Theurer Freund!

Haben Sie bei der jetzt allgemeinen, neuen Gestaltung aller Lebensverhältnisse nicht auch zu Zeiten ein wenig unserer freundlichen Kindergärten, der beglückenden Kinderspiele und der froh entwickelnden Kinderbeschäftigungen gedacht, welche Sie zwiefach so allgemein ansprechend und befriedigend in's Leben eingeführt haben? Haben Sie nicht der lieblichen Kindheit gedacht, deren so kräftiger Anwalt, der Jugend- und Volksspiele, deren Vertreter Sie in eindringlicher Rede waren? O, ich habe deren viel, habe dabei ebenso viel Ihrer gedacht und ich hätte mich gern mit Ihnen ausführlich über den jetzigen Gesammtstand unterhalten! Allein wer konnte bis jetzt, wo die Lebensverhältnisse wie die Wogen des brausenden Meeres sich drängten, zu so etwas kommen? Doch wie nach einem heftigen Gewittersturm, als eben in sonnigem Glanze sich noch der Friedensbogen am Himmel zeigte, sich schon

---

*) Anmerkung *Fröbel's*: „Der Verfasser dieses Aufsatzes ist, wie wir vermuthen, der Doktor und Adjunkt *Blumröder* in Marlishausen bei Arnstadt, der Verfasser einer Schrift: „Die Verwahranstalten", herausgekommen bei *Schreck* in Leipzig, und zugleich der Gründer eines eigenen Kindergarten's im eigenen Wohnorte, wie der Vorkämpfer zur allgemeinen Einführung solcher Kinderpflegeanstalten auf dem Lande."

die Lerchen wirbelnd im Gesang zum blauen Himmel erheben, so kommen auch unsere lieben Kindlein und unsere rüstige Jugend mit ihren frohen Hoffnungen hervor! Und es ist wahr, theuerer Freund, sie dürfen mit frohen Hoffnungen kommen, unsere Kindheit, unsere Jugend! Die sämmtlichen Lehrergenossenschaften, im Herzogthum Meiningen zunächst und bald nachfolgend im Herzogthum Koburg, ihnen Beiden vorangegangen die im Königreich Sachsen, erkennen die „Kindergärten" in ihren betreffenden Behörden als wesentliche, lebenvolle Glieder der gesammten deutschen Volkserziehung, der Organisation des ganzen deutschen Volksunterrichtes. Ich kann leider als offenkundige Thatsache nur das Programm zu der Petition an das königlich sächsische Ministerium von dem königlich sächsischen Lehrerganzen hier beifügen. Die heute bei dem Herzoge von Meiningen zu Altenstein von einer Deputation im Namen des Volkslehrerganzen des Herzogsthum's eingereichte Petition spricht die Nothwendigkeit der Begründung der deutschen Volkserziehung durch die „Kindergärten" — im Geiste *Fröbel's*, setzt diese Petition noch ausdrücklich hinzu —, also nicht minder bestimmt aus. Dass es dem Volkslehrerganzen des Herzogsthum's Meiningen mit der Durchführung ihrer Ueberzeugung ein tiefer Ernst ist, geht daraus hervor, dass, wie sie die Petition an das Präsidium des Meiningischen Landtags zum Vertheilen an alle Mitglieder desselben gesandt hat, so auch nach Frankfurt a./M. an den Vertreter Meiningen's bei dem Nationalparlamente, um zur geeigneten Zeit auch bei der Nationalversammlung und deren Verhandlungen davon einen dem ganzen deutschen Volkserziehungs- und Volksunterrichtswesen förderlichen Gebrauch zu machen.

Dass nun so, theuerster Freund, die günstigste Zeit mindestens zu einer Besprechung und Berathung über deutsche Volks- und Nationalerziehung und einen solchen Unterricht gekommen sei und dass diese Zeit um keinen

Preis unbenutzt vorüber gelassen werden darf, darüber sind Sie ganz gewiss mit mir und vielen rüstigen und wackern, ächt strebsamen deutschen Volkserziehern und Lehrern einverstanden. In und mit dieser Ueberzeugung sprach sich aber auch unmittelbar das Bedürfniss eines baldigsten Zusammentrittes, einer Versammlung deutscher Volkserzieher und Volkslehrer möglichst aus allen Landen und Gauen des lieben, schönen, neuerstandenen, einigen Deutschlands aus. Allein, wo ächtes Bedürfniss ist, da muss sich auch bald die Befriedigung desselben finden. Darum traten ein Theil der vielen rüstigen, wackern und strebsamen oben gedachten Volkslehrer mit mir zusammen (ganz namentlich *Julius Kell*, Redaktor der sächsischen Schulzeitung), um in Nr. 25 der ebengenannten Zeitung eine „Einladung zu einer Versammlung von Volkslehrern und Freunden deutscher Volkserziehung, besonders von Kindergärten" an die hier genannten ergehen zu lassen.

Dass die Ausführung des Gedanken's ein wahres Zeitbedürfniss, eine ächte Zeitforderung war und ist, sprach sich ganz besonders darin aus, dass nicht nur Rudolstadt, welches wegen seiner günstigern Lage zum Versammlungsorte erwählt ist, sondern selbst Nachbarstädte, so namentlich Saalfeld sich zur gastfreundlichen Aufnahme der Theilnehmenden gern erboten haben. Besonders aber von Seite der Volksschullehrer und ihrer Freunde und Vertreter kommt man der Einladung mit freud- und hoffnungsvollem Herzen entgegen. Es ist eine grosse Erhebung, dadurch in das frische, frohe, kräftige, strebende Jugendleben dieser Erzieher und Pfleger des aufkeimenden und heranwachsenden Geschlechtes zu schauen! Aber auch ihre bisherigen Obern, d. h. ihre ächten Leiter, freuen sich dieses regen, thatfertigen Lebens; einen Beweis giebt die Anzeige unserer Versammlung in Nr. 131 der Dorfzeitung vom 5. Juli, welche von einem solchen (wie ich vermuthe, im Meininger Lande) herrührt.

Diess Alles ermuthigt, ja, ich möchte sagen, verjüngt nun auch mich. Muth aber bewirkt Vertrauen, Vertrauen zu sich und Anderen, und so komme ich denn auch mit solchem doppelten, alten und aus ihm verjüngt hervorsteigenden Vertrauen mit einigen Bitten zu Ihnen: möchten Sie mir zur Erfüllung derselben geneigt sein!

Erstlich: Wäre es durch Ihre gütige Vermittelung nicht möglich, dass eine kurze Anzeige unseres Vorhaben's und die daraus hervorgegangene Einladung ein kleines, aber dadurch keineswegs sogenannt verlorenes Plätzchen in der Heidelberger Deutschen Zeitung fände? Vielleicht markirte sich eine solche zwar kurze, aber die Sache in ihrer Bedeutung erfassende Anzeige ganz am Ende der politischen Nachrichten. Fordert doch auch ein Landesvertreter in der Berliner oder vielmehr preussischen Nationalversammlung nun ein aufmerksames Ohr für „das Stillleben der Volksschullehrer". Sollten wir zur Feier des jetzt eingetretenen festlichen Ruhe- und Haltpunktes in dem politischen Leben nicht auch ein kleines Plätzchen „für das Stillleben der deutschen Volkserziehung" (ich will nicht persönlich sagen: „der deutschen Volkserzieher"!) in Anspruch nehmen können? Thun Sie hier, was Sie thun können!

Daran schliesst sich aber gleich die zweite, dieser gleiche Bitte. Könnten Sie, könnte Ihre Liebe zu der aufkeimenden und heranwachsenden deutschen Kindheit und Jugend nicht auch eine kurze solche Anzeige in einer norddeutschen, z. B. der Weserzeitung oder auch der Bremer vermitteln? Die Herren Redaktoren der ächt politischen Zeitungen sind gar zu spröde gegen die Aufnahme von selbst die Volkserziehung betreffenden Artikeln, und welche anderen Organe an das gesammte deutsche Volk haben wir denn, als die politischen Zeitungen? Was in den rein pädagogischen Zeitungen steht, das interessirt das Volk wenig — wir aber wollen, dass sich das gesammte deutsche

Volk, wie jetzt die gesammte deutsche Volkserzieher- und Volkslehrerschaft für die deutsche Volkserziehung und ihre ächte Begründung nicht nur interessire, nein! nein! dabei wahrhaft thätig, förderlich thätig betheilige. Dazu kommt, dass Politik und Pädagogik (jede in ihrem umfassenden Sinne genommen) die Namen der beiden Ehegatten des Menschheits- wie des Volkslebens sind, Mann und Weib, die durch Gott geeint sind — und, was Gott geeint hat, das soll der Mensch nicht scheiden! Dass beide weibliche Namen tragen, thut nichts zur Sache, d. h. schadet ihr nicht; gab es nicht in ihrem Fache männlich wirkende Männer, welche weibliche Namen hatten, z. B. *Maria Weber* u. A.? Doch eine mir so höchst wichtige, wie tiefgegründete, wenn auch hier nur angedeutete Ueberzeugung ist diese: in der bisherigen naturwidrigen Trennung beider hat alles Unheil seinen Grund; welches die Menscheit von Anbeginn der Welt bis jetzt getroffen hat. Mit ihrer naturgemässen Einigung wird die Menschheit, werden die Völker und Familien, wird der Einzelne die Freiheit, den Frieden und die Freudigkeit im Leben erreichen, nach welchen sie Alle, ich möchte sagen von Anbeginn des Menschengeschlechtes, gestrebt haben. Seit 43 Jahren suche ich diese Einheit wieder herzustellen. Niemand hat mich so ganz verstanden, wie Sie, mein theurer, daher von mir innig geliebter Freund! Sie waren es, welcher die unnatürliche Trennung wieder aufhob und an deren Stelle die natürliche, ursprüngliche Einigung setzte, und war nicht, wie in einer ächten Ehe, sogleich liebenswürdige, unschuldige, lebens- und seelenfrohe, engelreine, kurz himmelsgeborene Kindheit in, ich erlaube mir zu sagen, unsern beiden Lieblingen, die Gottesgabe dieser Einigung? Warum lebte ich 1844 so lang im Badener Land? Ich hoffte, die Vertreter desselben beim Landtage zur Ahnung mindestens der ursprünglichen Einigung von Politik und Pädagogik zu erheben. Gleiches erstrebte ich bei den sächsischen Volksvertretern beim sächsischen Landtag. Doch der alte Spielmann erschien vielleicht Beiden ein kindischer Alter, sie gedachten nicht an des grossen *Schiller's* grosses Wort: „gar hoher Sinn liegt oft im kind'schen Spiel", an das Wort unseres deutschen, ächt deutschen Dichters, welcher eben dadurch gross ist und immer von nun an höher steigen wird, weil er Politik und Pädagogik sich so innig gegenseitig durchdringend einigte, dass man sie eben gar nicht von einander mehr unterscheiden konnte, ja keines von Beiden mehr als ein Verschiedenes von dem Andern sah und sieht. Da sprach er jenes ewig grosse, göttliche Wort! So gross, so göttlich ist dieses Wort, wie das des Menschheitserziehers: „Den Kindern ist das Himmelreich." Dieser sieht in dem Kinde das Wesen desselben und jener sieht das Wesen des Kindes in seinem Thun, seinem Schaffen. Beide sehen in dem Kinde, gleich wie in dem Saamenkorne, noch die Einigung von Beiden ganz ungetrennt, welche aber später in der Blüthe als Staubfäden (männlich Politik) und Staubwege (weiblich, Pädagogik) getrennt hervortreten, allein blos um die Beide wieder einigende Frucht, d. i. für uns Menschen und Völker: das freie, friedige und freudige Leben zu erzeugen.

Darum, mein so theurer, als innig geliebter Freund, vollenden Sie das Werk, welches Sie so schön begonnen! Vollenden Sie es in der Stille, allein mit der Entschiedenheit, mit welcher es begann und sich bisher fortentwickelte! Nur in stiller Pflege keimt aus dem Kleinen und entwickelt sich das Grosse. Fühlen Sie nicht den deutschen Genius, wie er schützend über uns waltet! wie er liebeleitend uns führt? Fühlen Sie nicht das seegnende Wirken des Genius *Schiller's*, wie er pflegend denen zur Seite geht, welche den Ahnungen seines Geistes Wirklichkeit geben? Vollenden Sie das Werk, zu dem Sie berufen sind! Doch berufen wird nur der, welcher mit Freiheit, Selbstbestimmung und Selbstwahl sich seine Wirksamkeit und sich in seiner

Wirksamkeit bestimmt, wie Sie sich selbst mit Freiheit und Selbstwahl bestimmt, als Anwalt der Einigung von Politik und Pädagogik zuerst aufzutreten. Gehen Sie, ich sage es nochmals, gehen Sie ruhig und still weiter!

Zuerst erfüllen Sie mir und uns die vorstehenden beiden Bitten: die Entwickelung wird die Bedeutung dieser Erfüllung zeigen. Und nun die dritte Bitte, welche Ihnen zwar ganz auszusprechen, ich mir erlauben will, deren Erfüllung ich jedoch nur mit wesentlicher Beschränkung erwarte. Ich trage nämlich die Ueberzeugung in mir, unsere Versammlung sei die erste Thatsache wirklich allgemein deutscher, persönlicher Volkseinigung, wahrer persönlicher, deutscher Volkseintracht; sie sei die erste Erscheinung, der erste Ausdruck fried- und freudvollen Lebens und persönlichen Zusammenwirkens in dieser Einigung, durch diese Eintracht. Daher nun wünschte ich wohl, dass aus dem Kreise der deutschen Nationalversammlung ein Glied, gleichsam als Vertrauensmann, Abgeordneter oder wie man ihn sonst bezeichnen wollte, an dieser Versammlung Antheil nähme, damit, um in der obigen Sprachweise fortzureden, auch schon in dieser Versammlung das rein pädagogische und das rein politische Element in ihrer nothwendigen innern Einigung, zum guten Zeichen für deutsches Land und deutsches Volk, vertreten wären.

Doch, so treffliche Früchte auch gewiss die Ausführung dieses Gedankens bringen würde, so muss ich doch wohl aus mehrfachen Gründen auf die Erfüllung desselben Verzicht leisten. Jedoch fragt es sich, ob nicht auf eine andere Weise wenigstens das Wesentlichste dieser Idee erreicht werden könnte, nämlich durch die Gegenwart eines Referenten, wodurch zu seiner Zeit dem Nationalparlament freie, allseitige Kunde von dem in der Versammlung Verhandelten zukäme. Ich meine, diess könnte zunächst auf dem einfachen Privatweg geschehen, nur dass man hier einen künftigen Fall vorgesehen und vorbedacht hätte, und jenes zwar so, dass ein bei der Versammlung Anwesender um dies Referat ersucht würde. Ich dachte mir die Sache so, dass Sie um der, wenn auch erst später sich zeigenden Wichtigkeit der Sache willen die Güte hätten, gelegentlich den Gegenstand mit unserem Abgeordneten bei der Nationalversammlung, Herrn Regierungsrath *Höniger* zu besprechen und dieser dann so geneigt wäre, einen ihm dazu passend scheinenden Mann in Rudolstadt um dieses Referat zu ersuchen, z. B. den Herrn Superintendenten *Schumann* oder Herrn Generalsuperintendenten *Gräfe* oder Herrn Geheimrath *v. Röder*, oder wer es sonst sei. Dadurch würde eine mehrfach organisch lebenvolle Verbindung mit dem gesammten deutschen Volkserziehungsstreben und dem Volksregierungswesen angebahnt werden.

Genug, ich hielt es für meine Pflicht, Ihnen als thätig wirksamen Gliede der Nationalversammlung diess mitzutheilen. Ein Grundsatz meines Handelns ist der: man muss das, was sich später entwickeln soll, früh in den zartesten Keimen und Wurzeln, die es zeigt, beachten und pflegen. Sehen Sie nur, wie langsam und stetig, aber immer fortschreitend, fast von einem Hauche aus und kaum diess, von einem fröhlichen Kindesgesichtchen und Blicke aus sich unser Leben bisher entwickelte, und pflegen wir es innig, einig, treu so fort, so wird uns einst das friedige und freudige Lächeln der ganzen deutschen Kindheit, das frohe aufjauchzende Leben der deutschen Jugend und das wahrhaft freie, friedige und freudige, d. i. das allseitig gesunde deutsche Volksleben, so dass in einem gesunden Körper auch ein gesunder Geist wohnt, zu Theil werden.

Von Ihrer freundschaftlichen Gewogenheit als einer, welche sich freier Post erfreut, darf ich gewiss auf Nachsicht rechnen, dass ich mir die Beilagen erlaubte und nun die Bitte hinzufüge, solche gütigst durch Ihre Bedienung besorgen zu lassen. Vielleicht sind Sie auch noch so freundlich, der Aufschrift an Herrn *von Leonhardi* dessen Wohnungsangabe hinzuzufügen, indem solche mir unbekannt ist.

Schreiben Sie Ihren lieben Kindern, so grüssen Sie solche herzinnig von mir; möge ich nicht von ihnen vergessen sein! Um ein freundliches, wenn auch noch so kurzes Wort der Erwiederung — wie um Nachsicht wegen dieser langen Mittheilung bittet

Ihr herzlich Ergebener
Friedrich Fröbel.

So eben lese ich in öffentlichen Blättern eine Aeusserung des Erzherzogs *Johann*, welche er jüngst bei einer geeigneten Veranlassung in Wien gethan haben soll: „Wissen Sie, meine Herren, die Republik ist das schönste Ziel des Menschen; sie wird und muss kommen, aber sie bedarf grosser Tugenden: für jetzt ist sie noch nicht an der Zeit". Hierdurch veranlasst darf und will ich Ihnen, theurer Freund, etwas aussprechen, was bisher als tiefes Geheimniss gleichsam in meinem Innersten schlummerte: Prüfen Sie all mein erziehendes Thun in seinem innersten Kern, — ich erziehe und bilde seit einem Menschenalter für die Republik, und zu ihr hin; ich bilde und erziehe für die Ausübung der republikanischen Tugenden. Welcher ächte Staat und, der es zu werden strebt, bedürfte sie nicht? Darum muss meine Erziehweise in jedem solchen Staate eine erfreuliche, eine zu fördernde Erscheinung sein. Der Ausspruch *Johann's* beweist übrigens und bestätigt so, was ich über die Menschheitsehe der Politik und Pädagogik sagte: **grosse menschliche Tugenden sind gleichsam ihre Kinder.**

Anhang.

Ueber Fröbel's Kindererziehungsmethode

von

Prof. Dr. Karl Hagen.

Ueber Fröbel's Kindererziehungsmethode

von

Prof. Dr. Karl Hagen.*)

Fröbel's Wirksamkeit bis zum Jahre 1837.

Friedrich Fröbel ist am 21. April 1782 geboren, in Oberweissbach im Fürstenthum Schwarzburg-Rudolstadt, wo sein Vater Pfarrer war. Seine Mutter starb schon drei Vierteljahre nach seiner Geburt: er wurde daher, da sich sein Vater 1786 zum zweitenmale verheirathete, unter der Aufsicht einer Stiefmutter erzogen. Während nun der Knabe gleich in der frühesten Jugend die Bitterkeit des Lebens kennen lernte, wurde dies doch wieder aufgehoben durch die Liebe seiner älteren Geschwister, welche sich viel mit seiner Pflege und Wartung abgaben: ein Umstand, der, wie er selbst erklärt, zur Entwicklung der gemüthlichen Seite in ihm wesentlich beigetragen. Den ersten Unterricht erhielt er theils durch seinen Vater, theils durch die Schule des Ortes.

Im Jahre 1792 kam er in das Haus seines mütterlichen

---

*) Ausschnitt aus dem Aufsatze: „Ueber nationale Erziehung. Mit besonderer Rücksicht auf das System *Friedrich Fröbel's*", erschienen in *Karl Hagen's* Fragen der Zeit, II. Bd. 1845 S. 279 ff.

Oheims, Superintendenten *Hoffmann* in Stadtilm, welcher seine Erziehung weiter leitete: ein Mann, von ebenso viel Milde, als Ernst und Bestimmtheit, der auf die ganze Entwicklung unsers *Fröbel* von dem heilsamsten Einflusse war. Hier blieb er bis zum Jahre 1796. Im Sommer dieses Jahres kehrte er in das väterliche Haus zurück. Die Vermögensverhältnisse seines Vaters, der schon zwei Söhne hatte studiren lassen, gestatteten ihm nicht, dieselbe Carriere zu ergreifen: er entschied sich daher für eine mehr praktische Wirksamkeit, für den Landbau, den er jedoch in seinem ganzen Umfange kennen zu lernen sich vornahm. Er begann mit dem Forstwesen, im Sommer 1797, unter der Leitung eines praktischen Forstmannes. Hier interessirte ihn besonders das rein Geometrische, und zwar so, dass er dadurch zum Selbststudium angetrieben wurde. Bald wurde er mit einem Arzte bekannt, welcher ihn in das tiefere Studium der Naturwissenschaften einführte. Diese zogen ihn in Kurzem so sehr an, dass er das Bedürfniss nach einer weiteren Ausbildung in diesem Fache fühlte, und da um diese Zeit sein Vater ihm erlaubte, sein geringes mütterliches Vermögen zu diesem Zwecke zu verwenden, so bezog er die Universität Jena, wo er anderthalb Jahre blieb und den cameralistischen, mathematischen und Naturwissenschaften oblag.

Sein Vater starb bald, nachdem er die Universität wieder verlassen, im Jahre 1802. Unser *Fröbel* suchte nun zunächst nach einem Unterkommen, welches ihm Subsistenzmittel verschaffte. 1804 trat er als Privatsekretär in die Dienste eines mecklenburgischen Barons, verliess jedoch diesen im Jahr 1805, um dem Rufe eines Freundes nach Frankfurt am Main zu folgen.

Hier ist denn der Wendepunkt seines Lebens. *Fröbel* suchte nämlich zunächst, um sich den Unterhalt in der Stadt zu sichern, nach Privatstunden, und lernte bei dieser Gelegenheit den Oberlehrer der neu zu errichtenden

Musterschule in Frankfurt, Dr. *Gruner*, kennen. Gleich nach der ersten Zusammenkunft beider Männer, bei welcher der letztere Gelegenheit hatte, den jungen *Fröbel* seinem Wesen und seinen Strebungen nach kennen zu lernen, erklärte ihm *Gruner*: „Herr *Fröbel*, Sie müssen Schulmeister werden," und bot ihm zugleich eine Stelle in seiner Schule an. *Fröbel* äusserte öfter gegen seine Freunde, dass es ihm bei diesen Worten wie Schuppen von den Augen gefallen sei: nun habe er auf einmal den Beruf erkannt, zu dem er bestimmt sei, und wohin er unbewusst durch seine bisherige Selbstbildung hingearbeitet habe.

Fröbel gab sich nun mit aller Treue seinem neuen Berufe hin, und es gelang ihm bald, die Liebe seiner Zöglinge sowohl, wie die Zufriedenheit der Aeltern und der Lehrer zu gewinnen. Zugleich fühlte er aber auch die Nothwendigkeit, sich selbst weiter zu bilden und sich über die Methode, wie über die Gegenstände der Erziehung immer klarer zu werden. Die Schriften *Pestalozzi's*, die er damals eifrig studirte, machten einen tiefen Eindruck auf ihn, so dass er sich entschloss, in die Schweiz zu reisen, um die persönliche Bekanntschaft dieses Mannes zu machen. Damals war es ihm freilich nur vergönnt, vierzehn Tage in der Nähe desselben zuzubringen, aber bald fügte es sich, dass ihm dies auf längere Zeit verstattet war.

Es wurde ihm nämlich 1807 von einer angesehenen Familie in Frankfurt die Erziehung ihrer vier Kinder übertragen. Mit drei von ihnen, zog er 1808, in Uebereinstimmung mit der Familie, nach Iverdon, wo er zwar unabhängig von der *Pestalozzi'*schen Anstalt, aber doch in innigstem Verkehre mit ihr lebte. Er blieb daselbst bis zum Jahre 1810, und hatte demnach hinlänglich Gelegenheit, das Wirken und Ziel *Pestalozzi's* kennen zu lernen. Dessen edler Eifer begeisterte ihn so sehr, dass er für die Verbreitung der *Pestalozzi'*schen Methode in seinem Vaterlande mit allen Kräften thätig war. Bald jedoch wurde ihm klar, dass *Pestalozzi's* Methode auch ihre Mängel habe, und dass, wenn auch das Endziel desselben mit dem seinigen übereinstimme, doch hinsichtlich der Durchführung des Gedankens noch gar Manches zu wünschen sei. Es wurde ihm insbesondere der Mangel einer durchgreifenden wissenschaftlichen Grundlage sichtbar, den man auch von anderen Seiten dem *Pestalozzi*'schen System vorgeworfen hat. Er erkannte, dass um den Zweck einer allseitigen Ausbildung des Menschen zu erreichen, jenes System nicht genüge, dass man die Sache auf eine andere Weise angreifen müsse. Die eintretenden Zerwürfnisse in der *Pestalozzi*'schen Anstalt bestimmten ihn denn schon im Jahre 1810 mit seinen Zöglingen nach Frankfurt zurückzukehren.

Von diesem Momente aber nahm er sich vor, selbst einmal eine Erziehungsanstalt zu gründen, in welcher er die Ideen, die sich unterdessen bei ihm entwickelt hatten, praktisch durchführen wollte. Allein, er glaubte hiezu noch einer grösseren und umfassenderen Vorbereitung zu bedürfen. So bezog er denn im Beginne des Sommers 1810 noch einmal die Universität, und zwar in Göttingen: später, 1811, ging er nach Berlin.

Der Gedanke, welcher ihn nun bei seinen Studien leitete, war die Uebereinstimmung der Naturgesetze mit den Gesetzen menschlicher Entwicklung: ein Gedanke, der ihm schon bei seinen früheren naturhistorischen Studien und seinen pädagogischen Erfahrungen gekommen war. Zunächst also war es eine genauere und tiefere Kenntniss der Natur und ihrer Gesetze, in Verbindung mit den höheren mathematischen Wissenschaften, welche er in's Auge fasste. Aber in Berlin fand er wiederum Gelegenheit, zugleich praktische Pädagogik zu üben, indem er an der dortigen *Pestalozzi*'schen Knabenerziehungsanstalt des Professor *Plamann* wirkte. Es war ihm somit vergönnt, die Entwicklungsgesetze der Natur und die des Kindes zugleich zu beobachten und die Uebereinstimmung beider durch eigene Erfahrung wahrzunehmen.

Mitten in diesen Studien und Beobachtungen wurde er durch den Krieg von 1813 unterbrochen. Auch *Fröbel* stellte sich, wie so viele andere begeisterte Patrioten, in die Reihen der Vaterlandsvertheidiger: er diente als Freiwilliger im *Lützow*'schen Freikorps. Hier lernte er denn zwei junge Männer kennen, die bisher mit ihm in Berlin studirt hatten, ohne dass sie jedoch einander näher gekommen waren, nämlich *Middendorf* und *Langethal*: eine Bekanntschaft, welche für *Fröbel* von den bedeutendsten Folgen war. Denn später vereinigten sich diese beiden Freunde mit ihm zur Gründung einer neuen Erziehungsanstalt.

Als *Fröbel* im Sommer 1814 wieder nach Berlin zurückkehrte, wurde er in dem königlichen Museum für Mineralogie als Gehülfe und Inspektor angestellt. Er benützte diese Stellung dazu, um seinem Trieb nach Ergründung der Naturgesetze nachzuhängen und sich noch weiter in diesen Wissenschaften zu unterrichten. Da er jedoch die Natur immer in Beziehung zum Menschen aufzufassen gewohnt war, so weckte das naturhistorische Studium fortwährend in ihm die Sehnsucht nach einer pädagogischen Wirksamkeit. Er entschloss sich daher endlich, das letzte Ziel alles seines bisherigen Strebens näher in's Auge zu fassen, wirklich Hand an's Werk zu legen.

Die Verhältnisse seiner Familie boten ihm hiezu eine günstige Gelegenheit. Seine Geschwister hatten nämlich mehrere Kinder, welche der Erziehung bedurften: mit diesen wollte er den Anfang machen. Nachdem er in Berlin um die Entlassung aus seinen bisherigen Diensten nachgesucht und sie erhalten hatte, verliess er diese Stadt im Sommer 1816 und begab sich nach Griesheim, in der Nähe von Stadtilm, wo er am 13. November mit fünf Zöglingen, lauter Verwandten von ihm, seine Erziehungsanstalt eröffnete. Die Verhätnisse waren Anfangs keineswegs glänzend: *Fröbel* besass kein Vermögen: eine Mineraliensammlung, die er kurz vorher verkauft, trug ihm nicht mehr, als einige Louisd'ors ein, und diese verwendete er dazu, um seinen Zöglingen durch die Bescheerung am Christfest eine Freude zu machen; es war also zunächst nur die Unterstützung seiner Geschwister, vornämlich seines älteren Bruders, auf die er anfänglich rechnen konnte.

Dennoch unternahm er mit Lust und Liebe, vertrauend auf den endlichen Erfolg seines beharrlichen Strebens, die Leitung der kleinen Anstalt. Im Frühlinge des folgenden Jahres, 1817, wurde die Zahl seiner Zöglinge um einen vermehrt: es war dies nämlich der jüngste Bruder *Langethal's*, mit welchem Letzteren und mit *Middendorf* Fröbel nach seiner Rückkunft nach Berlin sich noch inniger verbunden hatte. *Middendorf* kam in demselben Jahre selbst zu *Fröbel*, um ihm in seinem Unternehmen beizustehen, und am Schlusse des Jahres liess sich auch *Langethal* bei ihm nieder.

So waren denn drei Freunde, welche gleiches Streben zusammengeführt, mit einander verbunden, um ein schönes gemeinsames Ziel zu erreichen. Ihren angestrengten Bemühungen gelang es auch bald, die Anstalt merklich zu heben. Sie hatten sich unterdessen in das Dorf Keilhau in dem Fürstenthum Schwarzburg-Rodolstadt übergesiedelt, und bauten hier ein eigenes Haus für ihre Anstalt. Nicht lange darauf verheiratheten sich die drei Freunde, und so konnten sich die Zöglinge der Anstalt auch der nothwendigen weiblichen Pflege erfreuen. Das Unternehmen ging zwar langsam, aber doch mit sichtbar günstigem Erfolge seinen Weg: von Jahr zu Jahr mehrte sich die Zahl der Zöglinge.

Doch nun ist es nöthig, auf die Grundsätze näher einzugehen, von welchen die Lehrer der Anstalt geleitet wurden.

Fröbel liess von dem Jahre 1820 an mehrere Schriften

veröffentlichen, in denen er sich über sein Wirken und seine Ansichten umfassender ausgesprochen. Das erste hiess: „An unser deutsches Volk. Erste Anzeige von einem für den Zweck einer allgemeinen Erziehungsanstalt in Keilhau im Thüringischen sich gebildeten Vereine, gegeben von dem Vorsteher desselben, *Fr. W. A. Fröbel.* Erfurt, 1820." Das Jahr darauf erschien eine andere Broschüre: „Durchgreifende, dem deutschen Charakter erschöpfend genügende Erziehung ist das Grund- und Quellbedürfniss des deutschen Volkes". Im Jahre 1822: „Ueber deutsche Erziehung überhaupt", und im Jahre 1823: „Fortgesetzte Nachrichten der allgemeinen deutschen Erziehungsanstalt in Keilhau".

Man sieht aus allen diesen Schriften, dass es *Fröbel* darum zu thun war, zunächst die Grundgesetze jedweder Entwicklung zu erfassen und auf diesem philosophischen Fundamente seine Erziehungsmethode aufzubauen. Die wichtigste Grundlage, von welcher er ausging, haben wir oben schon berührt: es war die Uebereinstimmung der Naturgesetze mit den Gesetzen menschlicher Entwicklung. Dadurch schon musste er darauf geführt werden, die Erziehung durchaus zu einer natürlichen zu machen, und es ist wirklich als ein charakteristisches Merkmal des *Fröbel'*schen Systems seine Natürlichkeit, die beständige Beziehung zur Natur, hervorzuheben. Als das Gesetz aber, welches in der Natur auf gleiche Weise, wie in der menschlichen Entwicklung walte, und worauf die Erziehung vorzüglich zu sehen habe, fand er die Einheit in der Mannigfaltigkeit. Daraus leitet er alle wesentlichen Grundsätze der Erziehung ab, und darum wird es nöthig sein, die Ansichten, welche er hierüber entwickelt, etwas ausführlicher darzulegen. Wir folgen hiebei seiner zweiten Schrift vom Jahre 1821, deren Titel wir oben angegeben.

Jedes Dinges Wesen, sagt er hier, ist Einheit. Einheit ist das, was Mannigfaltigkeit in sich schliesst. Soll

Einheit sich entwickeln, so muss es an der Mannigfaltigkeit geschehen. Das Sphärische (die Kugelform) ist das Bild dieser Forderung. Denn es ist die Darstellung der Mannigfaltigkeit in der Einheit und der Einheit in der Mannigfaltigkeit. Es ist das Allgemeine und Besondere, das Universelle und Individuelle, die Einheit und Einzelnheit zugleich, das sich in's Unendliche Entwickelnde und in sich Begränzteste; das Vollkommene und Vollendete; es verknüpft die Vollkommenheit und Unvollkommenheit, die Vollendetheit und Unvollendetheit. Einheit und Mannigfaltigkeit in der grössten Vollendung verknüpft ist also das Sphärische.

Dies zu bewirken ist das Grundgesetz aller wahren Menschenbildung. Diese fordert: der Mensch werde in Einheit des Geistes und Gemüthes aus sich heraus allseitig entwickelt, gebildet, erzogen zur selbstthätigen allseitigen Darstellung der Einheit seines Geistes und Gemüthes für vollendete Selbsterkenntniss. Der Mensch erkenne die Einheit in der Mannigfaltigkeit und umgekehrt diese in jener. So erkenne er die Menschheit in dem Menschengeschlechte, in Geschlechtern und in jedem einzelnen Menschen, und umgekehrt erkenne er jeden einzelnen Menschen, wie das Menschengeschlecht in der Menschheit. Er finde das Aeussere im Innern und das Innere im Aeussern: so sehe er in den äussern Lebensbedürfnissen dessen innere Bedingung und umgekehrt. Er erkenne in der Abhängigkeit die Selbständigkeit und Freiheit, in der Selbständigkeit und Freiheit die Abhängigkeit: er erkenne durch den Geist den Körper und durch den Körper den Geist.

Man sieht schon aus diesen Auszügen, dass *Fröbel* darnach strebte, die verschiedenen Elemente, die in der Entwicklung des Einzelnen sowohl, wie ganzer Geschlechter und Völker zu berücksichtigen sind, unter ein Ganzes zu bringen, harmonisch mit einander zu verbinden. Er fasst das Individuum allerdings als solches auf, aber doch auch in seiner Beziehung zu einem höhern Ganzen: er hat die Ueberzeugung gewonnen, dass jede Erscheinung eine Berechtigung in sich trägt, aber nur dadurch, dass sie nicht als vereinzelt betrachtet wird, sondern als Glied eines höheren Organismus. Er will darum keine Seite menschlicher Thätigkeit von der Möglichkeit einer weiteren Entwicklung ausgeschlossen sehen: aber sie muss in Uebereinstimmung mit den übrigen gebracht werden. Und dahin, meint er, habe die Erziehung zu arbeiten, diese harmonische Ausbildung aller Thätigkeiten auf naturgemässe Weise zu bewirken. Bei diesem seinem Streben nach Allseitigkeit versteht sich von selbst, dass er kein Vermögen des Menschen auf Kosten des anderen ausbildet, sondern alle zusammen; aber nicht minder wendet er dem Leben seine Aufmerksamkeit zu: die Erziehung, meint er, dürfe nicht vom Leben getrennt werden, sondern Schule und Leben, Erkennen und Thun seien wieder in sich zur Einheit verknüpft, müssten sich gegenseitig erläutern und bestätigen. Er will den Knaben zum Menschen erziehen, zum Familienvater, zum Bürger und zum Patrioten.

Man wird die philosophische Richtung, welche sich in diesen Sätzen ausspricht, nicht läugnen können, so wenig wie das Bemühen, aus den bisher vorhandenen einzelnen Bestrebungen in der Erziehung ein organisches Ganze zu schaffen. Auch wurde *Fröbel's* System eben wegen dieser Richtung mit Beifall von einem Philosophen aufgenommen, an dessen Werken *Fröbel* sich zum Theil herangebildet hatte. Es ist diess der oben schon erwähnte *Krause*. Dabei wollen wir freilich nicht läugnen, dass die Form, in welcher das neue Erziehungssystem dem Publikum bekannt gemacht wurde, nicht die angemessene sein mochte, um einen grösseren Kreis dafür zu interessiren. Denn die Erziehung, ein an sich durchaus Praktisches, wird sich nur durch ihre praktischen Resultate als die rechte erweisen können: philosophische Deductionen aber, so richtig sie auch sein mögen, reichen noch lange nicht hin, schrecken sogar die nicht philosophisch gebildete Mehrzahl leicht ab. Nun ist allerdings gar nicht in Abrede zu stellen, dass *Fröbel* dergleichen praktische Resultate wirklich aufweisen konnte: in seiner Erziehungsanstalt zu Keilhau suchte er alle die oben angedeuteten Grundsätze in ihrer ganzen Ausdehnung anzuwenden, und der Erfolg hat gezeigt, dass diess mit Glück geschah. Unter den speziellen Verbesserungen, welche *Fröbel* beim Unterrichte traf, ist unter Anderem die Einrichtung hervorzuheben, die uns schon bei *Pestalozzi* begegnete, die er aber bedeutend erweiterte, dass Alles vom Anschauen, von der Wirklichkeit ausgeht und auch darauf wieder berechnet ist. So wird z. B. die Geometrie gleich praktisch geübt durch's Messen. Der Zeichenunterricht geht gleich auf's Zeichnen nach der Natur aus. Der Unterricht in der Geschichte beginnt mit der, welche am nächsten liegt, zunächst mit der Sage, dann mit der Landeshistorie. Dadurch erhält der Zögling sogleich Interesse an dem zu lernenden Gegenstande und wird zur Selbstthätigkeit angespornt. Der Unterricht in den alten Sprachen endlich beginnt mit dem Griechischen, eine Methode, über deren Vorzüglichkeit wir später noch ausführlicher sprechen werden.

Doch, um auf das Obige wieder zurückzukommen, so fand *Fröbel's* System aus den angegebenen Gründen, nämlich wegen zu grossen Hervortretens des philosophischen Elements und wegen Mangel an einer populären Form, nicht den Anklang bei dem grösseren Publikum, den es eigentlich verdient hätte. Nur diejenigen, welche Gelegenheit fanden, seine pädagogische Wirksamkeit in der Nähe zu betrachten, oder seine persönliche Bekanntschaft zu machen, waren sofort von ihm eingenommen. Und so gelang es ihm denn, durch Vermittlung *Schnyders von Wartensee*, der ihn in Frankfurt kennen gelernt, in der Schweiz zwei Anstalten zu gründen, zu Willisau und in Burgdorf.

Wie es aber bei jedem strebenden Menschen, welcher dem Studium einer Wissenschaft sich hingegeben, zu geschehen pflegt, dass er in frühen Jahren die Ideen, das Allgemeine zu erfassen trachtet, dass er aber in späteren Zeiten mehr auf das Einzelne eingeht, so war dies auch bei *Fröbel* der Fall. Nachdem er sich lange mit dem Finden der Grundgesetze beschäftigt, fasste ihn die spezielle Seite derselben, welcher er sich von nun an mit dem ganzen bisher bewiesenen Eifer hingab.

Von dem Jahre 1837 an nämlich beschäftigte er sich mit einer neuen Einrichtung der Kleinkinderschulen oder Kindergärten, wie er sie nennt, und von diesem Momente an beginnt für ihn eine neue Epoche.

Fröbel's Wirksamkeit für eine zweckmässigere Pflege der ersten Kindheit.

Fröbel hat sehr Recht, wenn er den Satz aufstellt dass in dem Speziellen, Besonderen, sich das Allgemeine spiegle. In nichts tritt die Wahrheit dieses Satzes schlagender hervor, als in der Richtung *Fröbel's* auf einen scheinbar ganz speziellen, untergeordneten Zweig der Erziehung, auf die Pflege der ersten Kindheit. Denn gerade hierin liegt der Keim für alle spätere Entwicklung. Die Art und Weise demnach, wie das erste Kindesleben gepflegt wird, ist von dem grössten Einflusse für alle Zukunft: und das, was durch die Erziehung noch später hinzukommt, reiht sich naturgemäss, von selber, ich möchte sagen spielend daran an. Und so sehe ich die ganze bisherige Wirksamkeit *Fröbel's* nur als eine vorbereitende an: den Schlussstein derselben bildet offenbar die Richtung *Fröbel's* auf die erste Kindheit, denn damit ist denn auch der rechte Anfang, der Schlüssel zu aller Erziehung, gefunden.

Schon im Jahre 1823 hatte *Fröbel* die Ueberzeugung gewonnen, dass man den Thätigkeitstrieb des Kindes nicht dem Zufall überlassen dürfe, sondern ihn dazu benützen müsse, das Kind zu entwickeln. Er hatte damals bereits die Ansicht, die Kinder spielend zu lehren, d. h. sie auf Spiele zu leiten, welche ausserdem, dass sie erfreuen, zugleich darauf hinwirkten, eine Kraft zu entfalten. Doch war ihm die Sache immer noch untergeordnet geblieben; erst mit dem Jahre 1836 begann er ihr eine grössere Aufmerksamkeit zu schenken. Er betrachtete nun das Wesen des Kindes von dem Momente seiner Geburt an durch die verschiedenen Stadien seiner Entwicklung, und fand bald die überraschendesten Resultate. Es wurde ihm alsobald offenbar, dass mehr noch, als man gewöhnlich anzunehmen pflegt, in dem Kinde der Keim zu allem Guten, Schönen und Wahren liege und dass man seine Thätigkeit nur unmerklich zu leiten habe, um diesen Keim zur wirklichen Entfaltung zu bringen. Indem er aber hiefür die zweckmässigste Methode zu finden trachtete, trat ihm sofort das Spiel in die Augen, und sein ganzes Streben ging nun darauf hinaus, eine Theorie des Spieles aufzustellen. Diess gelang ihm, und zwar liess er sich hiebei vom Kinde selber leiten: er ging ihm nach, beobachtete seine Thätigkeit, und gelangte endlich auch hier zu allgemeinen Gesetzen, oder vielmehr: er fand die früher errungenen hier ebenfalls wieder. Denn es ist merkwürdig, dass in den *Fröbel'*schen Spielen, die zunächst nur für die Fassungskraft des Kindes berechnet sind, sich bereits ein höheres Ganze spiegelt, welches freilich von dem Kinde als solches noch nicht erfasst und begriffen werden kann, aber ihm in seinen einzelnen Erscheinungen schon befreundet ist, so dass es in späteren Zeiten sein Wesen leichter begreift.

Das, wovon *Fröbel* ausgeht, ist: dem Kinde solche Gegenstände zum Spielen zu geben, welche an sich ganz einfach sind, nicht der Zerbrechlichkeit unterworfen, aber zugleich die Möglichkeit einer grossen Mannichfaltigkeit in sich tragen, wenn nämlich die Phantasie des Kindes dazu kommt, so, dass das Kind sie von verschiedenen Seiten betrachten, auf die verschiedenste Weise handhaben und Alles daraus machen kann, was seiner Entwicklungsstufe gemäss ist. Ein fernerer Grundsatz ist, dass in den früheren Spielen schon der Keim zu den folgenden enthalten sein müsse, so dass die Thätigkeit des Kindes keinen Sprung zu machen braucht, sondern sich an den Spielen selber stufenweise entwickelt, so wenig nun ein Sprung zu machen vonnöthen ist, so sehr ist darauf gesehen, dass nichts als unnütz erscheint, sondern jedes, selbst das kleinste hat seine Bestimmung und seinen Zweck. Ein dritter Grundsatz endlich ist, dass die verschiedenen Vermögen des Kindes dabei ihre Rechnung finden, das Erkenntnissvermögen nicht minder, wie Gemüth und Wille, weshalb man mit den *Fröbel*schen Spielen dreierlei diesen Vermögen entsprechende Formen darstellen kann, Erkenntnissformen, Schönheitsformen, Lebensformen.

Dies klingt in dem ersten Augenblicke wirklich zu philosophisch, mindestens unkindlich. Aber ein näheres Eingehen in die Natur dieser Spiele wird zeigen, wie einfach sie sind und wie durchaus auf das Wesen des Kindes berechnet. Wenn sie nun wirklich schon auf etwas höheres hinweisen, so tritt eben gerade hierin die lobenswerthe Tendenz *Fröbel's* hervor, welche wir besonders herausheben müssen, in dem ersten Leben des Kindes unbeschadet seiner Kindlichkeit, den Samen für jene höheren Güter der Seele auszustreuen, wegen deren der Mensch doch nur auf dieser Erde lebt.

Fröbel beginnt, wie ich schon angedeutet habe, mit der Erziehung des Kindes in seinem ersten Lebensstadium. Hier ist sein Augenmerk natürlich nur darauf gerichtet, die erste Sinnen-, Glieder- und Körperentwicklung des Kindes zu wecken. Er knüpft hier naturgemäss an das kosende und tändelnde Spiel der Mutter oder der sonstigen Kinderpflegerinnen an, und sucht in dieses Einheit und

Tendenz zu bringen, wie er denn dies in den kleinen Liedchen versucht hat, die von der Mutter dem Kinde vorgesungen werden sollen. Wir können hiebei nicht länger verweilen, verweisen aber auf *Fröbel's* Buch darüber: „Mutter- und Koselieder, Dichtung und Bilder zur edlen Pflege des Kindheitlebens. Ein Familienbuch. Mit Randzeichnungen, erklärendem Texte und Singweisen."

Wenn nun das Kind soweit entwickelt ist, dass es durch seine Händchen etwas ergreifen und festhalten, mit den Aermchen freithätig sich bewegen, oder mit den Augen etwas beobachten kann, so sucht *Fröbel* ihm auch einen für diese Sinnen- und Gliederentwickelung angemessenen Gegenstand zu geben, an und durch welchen sie sich zugleich stärkt und erweitert. Dieser Gegenstand ist der Ball. Man muss zugestehen, dass der Ball gerade für diese Stufe der Kindheit der passendeste Gegenstand ist. Denn mit ihm kann das Kind weder sich noch Anderen Nachtheil bringen, kann ihn auch nicht zerstören oder beschädigen, so dass also in den Gebrauch dieses Spielzeugs niemals störend einzugreifen vonnöthen ist. Aber durch das Spiel mit dem Ball stärken und entwickeln sich auch zugleich am naturgemässesten die kindlichen Geisteskräfte: denn Alles, wofür das Kind jetzt schon Sinn hat, kann an ihm gewissermassen zur Darstellung gebracht werden. Mit Recht weist *Fröbel* darauf hin, dass die Kugelform die Einheit repräsentire und dass zugleich in ihr eine grosse Mannichfaltigkeit enthalten sei, indem die übrigen Formen gleichsam im Keime in ihr verschlossen liegen und sich auf natürliche Weise aus ihr entwickeln. Wir wiederholen indessen hier noch einmal, dass dem Kinde gegenüber von diesen Dingen keine Rede ist: für dieses ist nur die Erscheinung vorhanden, deren tiefe Bedeutung ihm später erst klar wird. Aber da der Ball vermöge seiner Natur die verschiedenste Bewegung gestattet, insbesondere, wenn er dabei an einer Schnur gehalten wird, so ist er am geeignetsten, das Kind gleich von Anfang mit dieser wichtigen Erscheinung vertraut zu machen und an sich die Anschauungskraft üben zu lassen. Wir verweisen auch hier auf das, was *Fröbel* darüber geschrieben, namentlich auf das Sonntagsblatt (1837) und auf den, dem ersten Spielzeuge, dem Ball beigegebenen Text, zu haben, wie alle übrigen Spielgaben, zu Blankenburg bei Rudolstadt in der Anstalt zur Pflege des Beschäftigungstriebes der Kindheit und Jugend.

Zur zweiten Spielgabe bestimmt *Fröbel* die Kugel und den Würfel, wie man sieht, ein Spielzeug, welches von selbst auf das erstere folgt. Denn die Kugel ist nichts weiter, als der Ball, nur in festerer Form, und der Würfel ist in so ferne demselben homogen, als er bei gleichfalls bleibend unveränderter Form in der Spielanwendung die grösste Mannichfaltigkeit in der Auffassung, in der Stellung und beim Bewegen, Drehen in den Erscheinungen zeigt. Denn *Fröbel* hat auch beim Würfel die Vorkehrung getroffen, dass eine Schnur an ihn befestigt werden kann, wodurch er in der Bewegung noch viel verschiedenartige Gestalten zur Anschauung bringt, als dies beim Ball der Fall gewesen. Es zeigt diese Spielgabe im Allgemeinen, wie ein Gegenstand, und zwar der einfachste, dennoch je nachdem er gehandhabt wird, die grösste Verschiedenheit darbietet.

Fröbel hat übrigens diese Spielgabe noch dadurch erweitert, dass er diesmal auf die Möglichkeit Rücksicht nahm, die beiden Körper, Kugel und Würfel, umzugestalten. Diese erweiterte Spielgabe führt den Titel: „Die Kugel, der Würfel, die Walze. Mit den daraus von den Kindern selbst, ihrem Gestaltungstrieb nachgebend, leicht darzustellenden zehn körperlichen Grundgestalten. Diese wieder mit ihren (76) Ergänzungsformen zum Würfel. Eine Festgabe für sinnig Erziehende beider Geschlechter." Diese Spielgabe ist zunächst mehr für die Kinderführer selbst, ein Mittel zur zweckmässigen Beschäftigung der ihnen anvertrauten Kleinen. Sie gründet sich auf die Eigenschaft der Kinder, gern alles Eckige und Schartkantige abzustumpfen, gleichsam in Flächen umzuwandeln, so wie umgekehrt auch alles Flächige zu Eckigem und Kantigem umzugestalten. *Fröbel*, welcher überhaupt in allen Aeusserungen des Kindes, selbst in einer oft scheinbar zerstörenden, einen höheren Grund, einen natürlichen Trieb zur Belehrung und eine Gelegenheit zur Erziehung annimmt, erblickt auch darin ein, wenn auch gleichsam noch instinktartiges Streben, in dem Mannichfaltigen das Einfache zu suchen und darzustellen, und wiederum aus dem Einfachen, das Mannichfaltige heraus zu bilden, dadurch aber den inneren Zusammenhang zwischen beiden, den Uebergang des einen in das andere, zu erkennen.

Wegen jener hervorstechenden Eigenschaften des Kindes nun zeigt sich besonders in dem Knaben frühe der Trieb zum Schnitzen oder zum Formen des Weichen und Drückbaren: durch die höhere Erfassung jenes oft als Zerstörungslust erscheinenden Triebes kann bei der Erziehung nur Kind und Führer gewinnen. Deshalb gibt *Fröbel* dem Kinde bald Gegenstände in die Hände, an denen es jenen Trieb unbeschadet ausüben kann: weichen Thon, Wachs, Rüben, oder auch trockenen Thon und Kreide. In dem erwähnten Spielkasten sind nun alle die Grundgestalten dargestellt, welche durch allmähliche, gesetzmässige Veränderung entstehen können, und zugleich die abgeschnittenen Stücke enthalten, so dass man durch die Anfügung derselben die frühere Gestalt leicht wieder herstellen kann. Ausserdem, dass durch die mannichfaltigen Gestalten, die durch diesen Thätigkeitstrieb entstehen können, demselben Lust und Freude bereitet wird, wird dadurch zugleich, wenn auch nur die dunkle Wahrnehmung erzeugt, dass in den äusseren Erscheinungen ein gewisser Zusammenhang stattfinde, dass nichts abgerissen da stehe, sondern eines sich aus dem anderen entwickle.

Auch die dritte Spielgabe entsteht aus der zweiten gleichsam wie von selbst: es ist nämlich der einmal, aber allseitig getheilte Würfel: acht mässig kleine Würfel von gleicher Form und Grösse. In dieser Spielgabe tritt *Fröbel's* eigenthümliche Ansicht von Kinderspielen und Beschäftigungen besonders klar hervor. Er sagt nämlich: das Kind will beim Spiel sein ganz eigenthümliches, schaffendes, inneres Leben sowohl, als auch die Art und Weise, wie es das Aeusserliche in sich aufgenommen habe, in Bild und Gestalt darstellen. Weil nun bei'm Kinde sowohl die inneren Phantasieanschauungen, wie die äusseren Sachauffassungen Anfangs schnell wechseln, und es ihm zunächst blos um eine kurze innere Festhaltung zu thun ist, so verlangt auch das Kind wie einen schnell theilbaren und wieder leicht verbindbaren, so auch zugleich wieder festen Gegenstand, damit dasselbe ungehemmt das darstellen kann, was wenigstens in seinen Haupteigenschaften dem entspricht, was es in sich trägt. Da nun Alles ein Gegenstand der Phantasie des Kindes werden kann, so muss dasselbe auch einen Darstellungsstoff haben, wodurch es, seiner Kraft entsprechend, seiner lebhaften Phantasie und inneren Anschauung genügend, Alles darstellen kann, was es will. Alle diese Anforderungen erfüllt nun für die anfänglichen Forderungen des kindlichen Sinnes genügend die dritte Spielgabe. — Es ist in der That erstaunlich, welche Mannichfaltigkeit in derselben liegt: mit Leichtigkeit können mehrere hundert der verschiedensten Gegenstände damit dargestellt werden. Es tritt aber in dieser Spielgabe besonders das hervor, was *Fröbel* immer im Auge gehabt; nämlich, dass das Spiel das Kind auf der einen Seite erfreue und interessire, aber zugleich auch die Geisteskräfte stärke und entfalte. Wie sehr Fröbel dadurch einem Uebelstande in unserer bisherigen Erziehungsmethode abgeholfen hat, werden die Erfahrungen aller derer beweisen können, welche längere Zeit mit Kindern umgegangen sind. Die schönsten Spielsachen lassen das Kind kalt, wenn es sich eine Zeitlang mit ihnen beschäftigt hat, vorausgesetzt, dass in ihnen nicht die Möglichkeit einer Veränderung liegt; daher der Trieb in den Kindern, die Spielsachen zu zerstören, d. h. etwas Anderes daraus zu machen. In der *Fröbel*'schen dritten Gabe aber findet jener Trieb des Kindes, zu schaffen, selbstthätig zu sein, aus sich heraus zu erzeugen, eine weithin genügende Befriedigung. Denn, wie schon erwähnt, die acht Würfel tragen in sich die grösste Mannichfaltigkeit der Darstellung, ohne dass das Kind nöthig hat, das Spielzeug zu zerstören; es hat also beständig Veränderung, die es sich selbst bereiten kann, beständig die Möglichkeit vor Augen, etwas Neues zu machen; und eben diese Möglichkeit ist zugleich das schönste Mittel für die Erweiterung und Stärkung der Geisteskräfte.

Fröbel hat auch dieser Spielgabe eine Erweiterung hinzugefügt: er hat nämlich in einem Kasten eine Anzahl der mit diesen Würfeln darstellbaren Gegenstände in kleinem Massstabe ausführen lassen: es sind darin 100 Darstellungen von Lebensformen, 71 von Schönheitsformen und 22 von Erkenntnissformen enthalten. Alle diese Darstellungen sind jedoch nicht von ihm erfunden, sondern von den Kindern in seiner Anstalt zu Blankenburg, und sind ein überraschendes und rührendes Denkmal ungehemmt sich entwickelnder Kindlichkeit.

Auf das eben besprochene Spiel folgt wieder mit innerer Nothwendigkeit die vierte Gabe: nämlich der in 8 Bauklötzchen getheilte Würfel. *Fröbel* spricht sich folgendermassen darüber aus:

Die Würfel der dritten Spielgabe zeigen als Spiel und Baumaterialien nach allen Richtungen hin ganz gleiche Grösse: diess genügt aber dem Kinde nur auf der ersten derartigen Entwicklungsstufe, vielleicht bis zum dritten Jahre oder etwas länger. Nun aber fordert die fortgeschrittene Entwicklungsstufe auch ein fortentwickelteres

Beschäftigungs- und Spielmaterial. So kann nun schon das Kind durch sein bisheriges Spielen die drei Hauptrichtungen im Raume, als Länge, Breite und Dicke, wenn auch als wechselnd, festhalten: der folgende Spielstoff muss nun diese drei Richtungen, auch in verschiedener Länge, bleibend unterscheiden. Dieser ergibt sich nun aber sehr leicht aus der dritten Spielgabe, indem jedes Viertel derselben, anstatt durch die Mitte gleichlaufend den beiden Stirnflächen nun auch durch die Mitte, aber gleichlaufend zweien Seitenflächen getheilt wird. So schliesst sich denn an die dritte Spielgabe, mit Nothwendigkeit sich aus ihr entwickelnd, die vierte an. Sie gewährt einen doppelt grossen Flächen- und Längenraum, sowie sie einen mehr als zwölfmal grösseren, hohlen Körperraum möglich macht. Durch die hier erwähnte Eigenschaft übertrifft das mit dieser Spielgabe Darzustellende in hohem Grade und oft in sehr eigenthümlicher Weise das mit der vorigen Gabe Auszuführende. Es kann mit dieser Gabe wenigstens zwölfmal so viel ausgeführt werden, als mit der vorigen.

Doch das Kind schreitet an der Hand dieser Spielmittel in seiner Entwicklung weiter; demgemäss muss sich nun auch eine steigende Fortschreitung in seinem weiteren Spielmateriale zeigen: aber auch diese Fortschreitung muss so einfach und nothwendig, als für die errungene Entwicklungsstufe des Kindes entsprechend und genügend erscheinen. Als die fünfte Spielgabe gibt daher *Fröbel* 27 Würfel, wovon in der obersten Schicht 3 Würfel ungetheilt sind, jeder von 3 anderen durch eine Eckenquerlinie in 2, und jeder der noch übrigen 3 Würfel aber durch die zwei Eckenquerlinien einer Fläche in 4 rechte und scharfkantige Säulen getheilt wird. Diese Spielgabe, wegen des grösseren Reichthums und der grösseren Vollkommenheit des durch sie Darzustellenden, findet ihre Anwendung bei dem Kinde von 5 bis 6 Jahren und noch mehr.

Wie sich nun früher die vierte Gabe mit ihrem bausteinartigen Spielmaterjale zur dritten Gabe verhielt, und wie jene aus dieser hervorging, so geht aus der fünften noch eine sechste Spielgabe, mit 27 zum Theil getheilten Bauklötzchen hervor, und verhalten sich diese beiden Gaben in der angegebenen Weise zu einander. Diese letzte Spielgabe zeichnet sich besonders durch das mit ihr auszuführende Entgegengesetzte, durch die Darstellung des Säuligen und Hohlen und des Durchbrochenen aus: und es kann mit dieser in demselben Verhältnisse wieder mehr dargestellt werden, als in der fünften, in welchem diess zwischen der vierten und dritten Gabe der Fall war.

Hiemit sind nun die Baugaben geschlossen, welche *Fröbel* bis jetzt dem Publikum übergeben hat. Doch wird er nächstens zu den eben besprochenen noch die siebente und achte hinzufügen, welche natürlich noch mehr Mannichfaltigkeit darbieten und mit dem Darstellbaren schon in das reifere Kindesalter hinüberreichen.

Um nun aber diese Spiele auch mit der steigenden Körperkraft in Uebereinstimmung zu bringen, lässt *Fröbel* diese Spielgaben in 3 verschiedenen Grössen ausführen, und die Erfahrung zeigt, dass jede dieser Grössen für das Kind einen eigenen Reiz mit sich führt. Die Nützlichkeit, ja Wichtigkeit dieser Spielweise zur Bildung des Auges für's Zeichnen und überhaupt der richtigen Auffassung der Form und besonders der schönen Formen, erkennt gewiss der beachtende Blick leicht, so dass es nur berührt zu werden braucht; besonders aber wirken die Darstellungen mit Spielgaben nach grösserem Massstabe zur Bildung des Auges zur perspektivischen Auffassung und Darstellung des Gegenstandes.

Indessen begnügt sich *Fröbel* keineswegs blos mit dieser Art von Spielen. Neben der Beschäftigung mit der würflichten Form gibt er auch eine mit der Tafelform, kleinen, dünnen Hölzchen, ferner mit dünnen Stäbchen, mit welchen sich ungefähr dieselben Gegenstände, aber auch noch andere darstellen lassen, wie mit den bisherigen Gaben; und durch welche spielend der Anfang mit dem Lesen gemacht werden kann, indem sich mit diesen Stäbchen schon die Buchstaben darstellen lassen. Endlich, insbesondere, wenn die Fingerfertigkeit etwas mehr entwickelt ist, wendet *Fröbel* die Thätigkeit des Kindes auf das Ausstechen von Papieren, auf das Machen kleiner Kästchen u. s. w.; lauter Beschäftigungen, die das Kind schon desshalb interessiren, weil ihm dabei das Gefühl seiner Befähigung erweckt wird, ein abgeschlossenes Ganzes hervorzubringen. Ueber diese letzteren Spiele hat *Fröbel* noch nichts veröffentlicht; wir kennen sie nur durch ihn selbst, haben uns jedoch durch die Beispiele, welche er uns vorführte, von ihrer Zweckmässigkeit überzeugt und müssen wünschen, dass er bald Musse und Mittel finde, sie allgemein zugänglich zu machen. Dass *Fröbel* neben diesen ruhigen Beschäftigungen zugleich die grössere Bewegung des Körpers durch Gesellschaftsspiele im Freien, die Erfassung des Naturlebens u. s. w. berücksichtigt, haben wir nicht erst nöthig zu erinnern. Denn gleich von Anfang war auf die körperliche Ausbildung von ihm ein Hauptaugenmerk gerichtet, wie er denn in der Anstalt zu Keilhau sogleich einen Turnplatz errichten liess. *Fröbel* führte uns auch einige von den Gesellschaftsspielen vor, z. B. Spiele mit dem Balle. Auch von diesen Spielen gilt, was von den übrigen: sie sind naturgemäss, einfach und zugleich von einer merkwürdigen Wirkung auf die Kinder, namentlich durch die Verschen, die dazu gesungen werden; dadurch kommt ein gewisser Rythmus in die Bewegung hinein, eine gewisse Ordnung und Geregeltheit, das Gefühl der Gemeinsamkeit und Zusammengehörigkeit, welches, wie wir später noch sehen werden, bei den Kindern von der grössten Bedeutung ist.

Ich weiss nicht, ob es mir in dem eben Gesagten gelungen sein sollte, den Lesern eine Anschauung von dem

Fröbel'schen Systeme zu geben. Doch genügte es schon, wenn ich erreicht hätte, die Leser dafür zu interessiren, und sie zu bewegen, diese Spiele aus eigener Anschauung kennen zu lernen. Dass diese letztere eigentlich nothwendig ist, um sich einen klaren Begriff nicht nur von den Spielen überhaupt, sondern auch von ihrer Wirkung zu machen, brauche ich wohl nur anzudeuten. Mir war es vergönnt, sie zu sehen und zwar theils unter *Fröbel's* Leitung, theils von ihm selber uns vorgeführt. Ich habe mich demnach zugleich mit vielen andern denkenden Vätern und Müttern durch eigene Anschauung von ihrer Zweckmässigkeit überzeugt.

Es traten uns hiebei besonders folgende Momente als merkwürdig hervor. Erstens die ausserordentliche Mannichfaltigkeit der durch die *Fröbel'schen* Spiele darstellbaren Gegenstände, wodurch dem Kinde ungleich mehr Mittel geboten werden, seinen Beschäftigungstrieb zu befriedigen, als durch irgend eine andere Gattung von Spielen. Zweitens die frühzeitige Stärkung und Entwicklung der Geisteskräfte, namentlich der Beobachtungsgabe. Hiebei ist besonders interessant, dass das Kind unwillkürlich auf manche wichtige Naturgesetze, auf physikalische und mathematische Wahrheiten geführt wird, deren Kenntniss ihm später von grosser Bedeutung ist. So ergeben sich, insbesondere aus den höheren Spielen, ganz ungesucht die wichtigsten Grundsätze der Architektonik, manche Lehrsätze der Mathematik, die sonst zu den schweren gehören, wie z. B. der pythagoreische Lehrsatz, können durch das fünfte Spiel, wie *Fröbel* uns selbst gezeigt hat, in solcher Anschaulichkeit dargestellt werden, dass der Knabe darüber nicht mehr in Zweifel sein kann. Selbst an Kugel und Würfel stellen sich manche Sätze der Naturlehre überraschend dar. Diese Wirkung der *Fröbel'schen* Spiele ist nicht zu übersehen: sie arbeiten dadurch einer Richtung unserer Zeit vor, welche gegenwärtig von einer unermesslichen Bedeutung ist: und, in ihrem Wesen und innersten Tiefen erfasst, jedenfalls als einer der mächtigsten Hebel des Fortschritts betrachtet werden muss: ich meine die industrielle und technische Richtung unserer Zeit, die man gewohnt ist, auch die materielle zu nennen. Die *Fröbel*'schen Spiele enthalten demnach, wie man sieht, auch ein praktisches Element: und dieses wird auch nach einer anderen Seite hin begünstigt: denn *Fröbel*, wie wir schon mehrmals angedeutet, richtet gleich bei den ersten Spielen sein Augenmerk darauf, die Glieder des Kindes so viel wie möglich zu entwickeln, und dadurch dem Körper überhaupt eine gewisse Gelenkigkeit, Freiheit in der Bewegung, und den einzelnen Theilen eine gewisse Festigkeit und Gewandtheit zu verschaffen. Zugleich aber findet auch das gemüthliche und sittliche Element in der *Fröbel*'schen Spielweise seine Nahrung. Schon der Umstand, dass die einzelnen Spielzeuge so einfach und von solchem Materiale sind, dass sie nicht zerstört und verdorben werden können, ist von grosser moralischer Wirkung: nicht minder aber der Umstand, dass jedes Spiel aus mehreren Theilen besteht, die aber zusammen ein in sich abgeschlossenes Ganzes bilden, welches besonders durch die für jedes Spiel bestimmten Kästchen dem Kinde anschaulich hervortritt: denn in das Kästchen kann das Kind nicht mehr und nicht weniger einräumen, als das betreffende Spiel: und das Einräumen selbst macht ihm, da diess auch eine Beschäftigung ist, wiederum Lust und Vergnügen. Dadurch wird das Kind frühzeitig an Reinlichkeit und Ordnung gewöhnt: und es nimmt daher die anderen Lehren, die sich darauf beziehen, viel leichter auf, ist bei weitem empfänglicher dafür, da schon das Spiel es auf dieselbe Tugend hingewiesen hat. Hiezu kommt noch die löbliche Einrichtung *Fröbel's*, die gewöhnlichen Darstellungen von Verschen begleiten zu lassen, in denen nicht nur die Haupteigenschaften des dargestellten Gegenstandes kurz enthalten sind, sondern auch eine moralische Nutzanwendung. Da die letztere sich hier an etwas anschliesst, was das Kind selbst gemacht hat, was es vor Augen sieht, so bleibt sie viel mehr haften, als jede andere.

Was folgt nun aus diesem allem? Dass *Fröbel* den rechten Weg eingeschlagen habe, um das Kind gleich von der ersten Jugend an naturgemäss zu entwickeln, zu beschäftigen und seine Geisteskräfte zu stärken: und zwar auf die einfachste Weise, mit den einfachsten Mitteln, in Einklang mit des Kindes Eigenthümlichkeit. Es versteht sich von selbst, dass ein Kind, welches von Anbeginn auf solche Weise erzogen wird, auch in dem späteren Alter für die Gegenstände, die es dann in sich aufzunehmen hat, empfänglicher ist. Gar manche unnöthige Plage wird ihm erspart: es begreift die ernsteren Lehrgegenstände viel leichter, weil es fast mit allen schon im Spiele vertraut geworden, und weil seine verschiedenen Vermögen durch dieses bereits eine höhere Entwicklung gewonnen haben. Es ist diess auch darum wichtig, weil der spätere Schulunterricht auf solcher Grundlage und bei solcher Vorbereitung sich selbst bedeutend verbessern und erweitern lässt und fortan nicht mehr, wie meist bisher, die Störung und das Ende des freien Kinderlebens zu sein braucht, sondern die Vergeistigung und die Erfüllung seiner reichen Ahnungen werden kann. *Fröbel* leistet durch sein lehrendes Spielen also gerade das Gegentheil von dem mit Recht getadelten, eine Zeitlang beliebt gewesenen spielenden und faselnden Lernen.

Nehmen wir alles bisher Gesagte zusammen, so können wir wohl behaupten, dass es *Fröbel* gelungen ist, das Löbliche von allen bisher eingeschlagenen Richtungen in der Erziehung zusammenzufassen und zu Einem organischen Ganzen zu verweben. Durch sein System wird die Grundidee jeder wahren Erziehung, nämlich den ganzen Menschen zu bilden, praktisch ausgeführt: denn, wie wir gesehen, nimmt er auf jenes menschliche Vermögen Rücksicht, auf Geist, Gemüth und Wille, und zugleich hat er die beständige Beziehung zum Leben im Auge.

Es wäre daher sehr zu wünschen, dass die *Fröbel*'sche Spielweise noch eine grössere Verbreitung gewönne, als bis jetzt schon geschehen ist. Sie ist zwar an gar manchen Orten Deutschlands schon bekannt, und da, wo diess der Fall ist, wurde sie mit Liebe, ja mit Enthusiasmus aufgenommen. Aber im Verhältniss zu ihrem Werthe ist sie noch lange nicht verbreitet genug. Ja, es begegnete diesem Systeme was gar manchen deutschen Erfindungen widerfahren ist, dass nämlich die Ausländer sie besser zu benutzen verstanden als die Deutschen selber. So sind die *Fröbel*'schen Spiele in Frankreich mehrfach angewandt — selbst die jüngsten französischen Prinzen haben damit gespielt — in der Schweiz, in Ungarn, selbst in Nordamerika; denn dort hat man sofort das praktische Element in ihnen herausgefunden, und nicht versäumt, dasselbe auszubeuten. Wie? sollen wir Deutschen etwa so lange warten, bis uns Einer der Ausländer die Erfindung unseres Landsmanns anpreist, um ihre Zweckmässigkeit anzuerkennen und uns dieselbe anzueignen?

Die Spiele können natürlich von jedem Kinde allein, für sich, zu Hause getrieben werden. Besser aber ist es: es geschieht auch in Gesellschaft mit anderen. *Fröbel* sagt mit Recht — denn die Erfahrung hat es bestätigt — dass nichts das Kind so sehr bildet, und so günstig auf seine Entwicklung einwirkt, als der Umgang mit seines Gleichen. Es streifen sich dadurch manche Ecken und Unebenheiten ab: es verschwindet namentlich beim Kinde die Schüchternheit und der entgegengesetzte Fehler, das vorlaute Wesen und die Eitelkeit, die alles zuerst auf sich bezieht, bekommt keine Nahrung in den geselligen Spielen, deren Haupttendenz es ist, das Kind sich als Glied eines gemeinsamen Ganzen empfinden und bethätigen zu lassen. Ebenso wird das Kind dadurch mit der Aussenwelt vertrauter, und endlich behält es, was von grosser Wichtigkeit ist, seinen kindlichen Charakter. Denn der beständige Umgang mit Erwachsenen ist dem Kinde durchaus nicht vortheilhaft; es wird dadurch ungenügsam, verliert die Sinnigkeit, die Lust zur Selbstbeschäftigung, und erhält früher oder später eine gewisse Altklugheit, welche am Kinde etwas höchst Unliebenswürdiges ist. Daher macht *Fröbel* mit Recht darauf aufmerksam, Kinderbewahranstalten zu gründen, oder, wie er es nennt, Kindergärten (weil er das Kind wie eine Pflanze betrachtet, welche sich aus sich selbst heraus entfaltet, und nur hie und da der sorgsamen Hand des Gärtners bedarf), und zwar nicht blos für die Kinder unbemittelter Eltern, sondern auch für die der höheren Stände. Denn was man auch immer Gutes von der häuslichen Erziehung sagen mag: das ist doch keinem Zweifel unterworfen, dass sie eben doch auch mit vielen Inconvenienzen verbunden ist und mit manchen Unbequemlichkeiten; und unter diesen will ich nur Eines anführen, die Unmöglichkeit, beständig eine gewisse Gleichmässigkeit in dem Verhältnisse zum Kinde zu bewahren. Denn das eine Mal hat Mama keine Zeit, das andere Mal ist dem Papa etwas Widerwärtiges in den Geschäften begegnet, das dritte Mal hat Mama Besuch, wieder ein anderes Mal ist Papa ungeduldig: kurz, es ist rein unmöglich, immer eine gewisse Ebenmässigkeit des Benehmens gegen das Kind zu beobachten. Das kann aber der Lehrer in dem Kindergarten, dessen alleiniges Geschäft und liebster Beruf diess ja ist. Es würde demnach in dem Kindergarten Alles wohl überlegt, weit besser für das Kind gesorgt sein, als zu Hause. Indessen ist es gar nicht *Fröbel's* Meinung, dass das Kind den ganzen Tag daselbst sich aufhalte: ein paar Stunden des Tages genügen. In diesen aber wird es — diess bestätigt auch die Erfahrung — durch das Spiel mit anderen einen so mannichfaltigen Stoff in sich aufgenommen haben, dass derselbe völlig hinreichte, um es auch in den übrigen Stunden zu beschäftigen. Das Kind wird auf diese Weise dem Familienleben nicht entfremdet, sondern ihm nur noch inniger verknüpft: denn es verlässt das Haus ja nur zu der Zeit, wo dieses ihm ohnehin nicht die nöthige Pflege darbietet, oder wo es im äussersten Falle ungebildeten Dienstboten überlassen wäre. Was es aber im Kindergarten gesehen und geübt, das wendet es nun auf seine eigenthümliche Weise an: der Verstand, der Ordnungssinn, der sich am Würfel und an den Bauklötzchen entwickelt, wird nun auch zu Hause geübt.

Ausser diesen und anderen Vortheilen hätten die Kindergärten auch noch den, welchen ich oben schon bei einer anderen Gelegenheit berührt habe, dass sie in dem Kinde das Gefühl der Zusammengehörigkeit erzeugen, die Ahnung, dass der Einzelne nicht blos für sich etwas sei, sondern dass er einem grössern Ganzen angehöre. Wie wichtig dieses Gefühl der Gemeinsamkeit ist, namentlich für die spätere Zeit, wenn der Knabe zum Jüngling, zum Manne geworden, und in's bürgerliche Leben eingetreten ist, brauche ich nur anzudeuten. Mit diesem Gefühl der Gemeinsamkeit ist aber zugleich das der Gleichheit verbunden; dadurch nämlich, dass kein Kind vor dem anderen in seinem Spielzeuge etwas voraus hat; denn alle Spielwaaren, wenigstens für dieselbe Entwicklungsstufe, sind sich ja gleich. Diess ist von einer unermesslichen sittlichen Wirkung: zunächst dadurch, dass es dem Neide, der Unzufriedenheit, dem Streben nach dem Besitze des fremden Gutes alle Nahrung entzieht, also diese Untugenden gar nicht aufkommen lässt; zweitens dadurch, dass es in dem Kinde schon das Bewusstsein der Menschenwürde vorbereitet.

Daher sollten sich aller Orts recht viele deutsche Familien zu dergleichen Kindergärten vereinen; sie würden bald die Wahrnehmung machen können, dass ihre Kinder sich auf das Schönste entwickeln, dass sie mehr Lust zur Selbstbeschäftigung erhalten, und dass eben desshalb Schelten und Strafen weit weniger anzuwenden vonnöthen ist, als es sonst zu geschehen pflegt. Diess sind wenigstens die Resultate aller der Anstalten, die nach dem Systeme *Fröbel's* eingerichtet worden sind.

Druck von J. G. Findel in Leipzig.

www.ingramcontent.com/pod-product-compliance
Lightning Source LLC
Chambersburg PA
CBHW031454160426
43195CB00010BB/973